スッキリわかる

滝澤ななみ

日商簿記 1級

商業簿記・会計学

I 損益会計編

❖はしがき ・・・・・・・・・・・・・・・・・・・・・・・・・・・・・・・・・・・・・・・

大切なのは基本をしっかり理解すること

　日商簿記1級の平均合格率は10%弱で、資格試験の中でも難易度の高い試験です。しかし、難易度が高いからといって、難問が解けないと合格できない、というわけではありません。難問（ほとんどの受験生が見たこともないような問題）が出題されることもありますが、その問題が解けなくても、ほかの問題（基本的な問題）がしっかり解ければ合格点をとることができます。

　そこで、本書は**合格に必要な知識を基礎からしっかり身につける**ことを目標とし、合格に必要なポイントを丁寧に説明することにしました。

特徴1　「読みやすいテキスト」にこだわりました

　また、1級の出題範囲はとても広いので、効率的に学習する必要があります。そこで、1級初学者の方が内容をきちんと理解し、最後までスラスラ読めるよう、**やさしい、一般的なことば**を用いて専門用語等の解説をしています。

　さらに、取引の場面を具体的にイメージできるように、2級でおなじみのゴエモン（キャラクター）を登場させ、みなさんがゴエモンといっしょに**取引ごとに会計処理を学んでいく**というスタイルにしています。

特徴2　テキスト&問題集

　簿記はテキストを読んだだけでは知識が身につきません。テキストを読んだあと、問題を解くことによって、知識が定着するのです。

　そこで、テキストを読んだあとに必ず問題を解いていただけるよう、本書はテキストと問題集（問題編）を一体型にしました（他書は通常、テキストと問題集が分かれています）。

　簿記の知識はビジネスのあらゆる場面で活かすことができます。

　本書を活用し、簿記検定に合格され、みなさんがビジネスにおいてご活躍されることを心よりお祈りいたします。

第9版から第10版への主な改訂点

　第10版は、第9版につき収益認識基準の適用により影響を受ける内容の改訂を行っています。

●簿記の学習方法と合格までのプロセス………

1. テキストを読む　　　　　　　　　　　　　テキスト

　　まずは、**テキストを読みます。**

　　テキストは自宅でも電車内でも、どこでも手軽に読んでいただけるように作成していますが、机に向かって学習する際には鉛筆と紙を用意し、取引例や新しい用語がでてきたら、**実際に紙に書いてみましょう。**

　　また、本書はみなさんが考えながら読み進めることができるように構成していますので、ぜひ**答えを考えながら**読んでみてください。

2. テキストを読んだら問題を解く！　　　　　　問 題 編

　　簿記は**問題を解く**ことによって、**知識が定着**します。本書はテキスト内に、対応する問題番号を付していますので、それにしたがって問題を解きましょう。

　　また、まちがえた問題には付箋などを貼っておき、あとでもう一度、解きなおすようにしてください。

3. もう一度、すべての問題を解く！　　　　　　問 題 編

　　上記1、2を繰り返し、テキストが全部終わったら、**テキストを見ないで**問題編の問題をもう一度最初から全部解いてみましょう。

　　こうすることで、知識を完全に身につけることができます。

　　そのあと、次のテキストに進みます。

4. そして過去問題集を解く！　　　　　　　　　過去問題集

　　すべてのテキストの学習が終わったら、本試験の出題形式に慣れ、時間内に効率的に合格点をとるために**過去問題集（別売）**＊を解くことをおすすめします。

　　　＊TAC出版刊行の過去問題集…「合格するための過去問題集 日商簿記1級」

商業簿記・会計学で学習する主な内容

テキストⅠ　損益会計編

損益計算書の基礎			
一般商品売買	原価率と利益率	期末商品の評価	総記法
収益認識基準	収益認識の手順	売上割戻	返品権付きの販売	契約における重要な金融要素
	代理人の取引	消費税の処理	発行商品券
その他の商品売買形態	委託販売	試用販売	割賦販売	予約販売
	未着品販売	受託販売	
建設業会計			

本書

テキストⅡ　資産・負債・純資産編

資　　産	現金預金	金銭債権	貸倒引当金	手形
	有価証券	有形固定資産	資産除去債務	リース取引
	減損会計	無形固定資産	繰延資産	ソフトウェア
負　　債	引当金	退職給付引当金	社債	
純　資　産	株式の発行	株主資本の計数変動	自己株式	分配可能額の計算
	新株予約権	新株予約権付社債		

テキストⅢ　その他の個別論点・本支店・C/F編

デリバティブ取引	先物取引	金利スワップ取引	ヘッジ会計
外貨換算会計	外貨建取引と換算	外貨建有価証券の換算	為替予約
税効果会計	税効果会計(個別)		
本支店会計	本支店会計	在外支店の財務諸表項目の換算	
キャッシュ・フロー計算書	キャッシュ・フロー計算書(個別)		

テキストⅣ　企業結合・連結会計編

企 業 結 合	合併	株式交換	株式移転	事業分離
連 結 会 計	連結会計	持分法	税効果会計(連結)	
	連結キャッシュ・フロー計算書		在外子会社の財務諸表項目の換算	

日商簿記1級の出題傾向と対策（商業簿記・会計学）

1．配点と合格点

日商簿記1級の試験科目は、商業簿記、会計学、工業簿記、原価計算の4科目で、各科目の配点は25点です。また、試験時間は商業簿記・会計学であわせて90分、工業簿記・原価計算であわせて90分です。

商業簿記	会計学	工業簿記	原価計算	合計
25点	25点	25点	25点	100点

試験時間90分　　　試験時間90分

合格基準は100点満点中70点以上ですが、10点未満の科目が1科目でもある場合は不合格となりますので、苦手科目をなくしておくことが重要です。

2．出題傾向と対策（商業簿記・会計学）

1級商業簿記・会計学の出題傾向と対策は次のとおりです。

出題傾向　　　　　　　　　　　対　策

商業簿記
商業簿記は、①**損益計算書の作成**、②**貸借対照表の作成**、③**本支店合併財務諸表の作成**、④**連結財務諸表の作成**など、通常、総合問題の形式（1問形式）で出題されます。

総合問題は個別論点の積み重ねです。したがって、まずはテキストⅠ～Ⅳまでの内容を論点ごとにしっかり学習しましょう。
そして、ひととおりの学習が終わったら、過去問題集などで出題パターンごとに問題を解いておきましょう。

会計学
会計学は、2問から4問の小問形式で出題され、通常、このうち1問が**理論問題**（正誤問題や穴埋問題）、残りが**計算問題**です。

理論問題は計算問題と関連させて学習すると効率的に学習できます。したがって、商業簿記と会計学を分けずに、一緒に学習し、まずは計算をマスターしましょう（このテキストでは、理論で問われる可能性のある箇所にマークを付しています）。

※日商簿記1級の試験日は6月（第2日曜）と11月（第3日曜）です。試験の詳細については、検定試験ホームページ（https://www.kentei.ne.jp/）でご確認ください。

CONTENTS

第1章

損益計算書の基礎

・・・・・・

1級で新たに出てくる「会計学」ってなんだろう?

ここでは、商業簿記と会計学の違いと
損益計算書のつくりについてみておきましょう。

CASE
1

商業簿記と会計学

商業簿記と会計学

「今年はさらに会社の活動範囲を広げるぞ!」

3級、2級で株式会社を経営したゴエモン君、1級でもやる気マンマンです。

1級では商業簿記のほかに会計学という科目があります。ここでは商業簿記と会計学の違いをみておきましょう。

1級の学習範囲

2級では海外企業と取引したときの会計処理（外貨換算会計）や、子会社がある場合の会計処理（連結会計）などについて、中小規模の株式会社の会計処理について学習しましたが、1級では大規模な株式会社の応用的な会計処理について学習します。

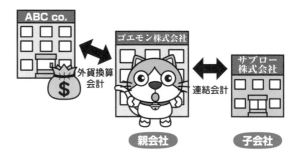

商業簿記と会計学

1級の試験科目は商業簿記、会計学、工業簿記、原価計算の4科目です。このうち、商業簿記・会計学編では「商業簿記」と「会計学」について学習していきます。

「商業簿記」では2級でも学習したように、ひとつの取引について日々仕訳をし、帳簿をつけ、決算において財務諸表を作成するといった会計処理（計算方法）について学習します。

　一方、「会計学」では会計処理（計算方法）の裏付けとなる考え方を学習します。

商業簿記と会計学の学習範囲

●商業簿記…会計処理（計算方法）
●会 計 学…会計処理（計算方法）の考え方

　1級を学習するにあたっては、まず会計処理を身につけてから、その背景となる考え方を学ぶことが重要です。

　そこで、このテキストでは商業簿記と会計学を分けずに、基本的に計算（商業簿記）をメインに説明し、それを補足する形で理論（会計学）について説明していきます。

損益計算書のつくり

損益計算書をみてみよう！

損益計算書

このテキストでは、損益会計について学習します。
そこで、まずは損益計算書について復習しておきましょう。

このテキストでは損益計算書（Profit & Loss Statement）をP/L、貸借対照表（Balance Sheet）をB/Sと表記している箇所があります。

損益計算書

損益計算書は、一定の会計期間の収益と費用から当期純利益（または当期純損失）を計算した書類で、会社の経営成績（いくらもうけたのか）を表します。

損益計算書のつくり

損益計算書は大きく**営業損益計算、経常損益計算、純損益計算**の３つに区分されます。

(1) 営業損益計算

営業損益計算の区分では、その会社の主な営業活動から生じる損益を計上して**営業利益**を計算します。

商品の売上や仕入、給料や広告費の支払いなどですね。

(2) 経常損益計算

経常損益計算の区分では、営業利益にその会社の主な営業活動以外の（経常的な）活動から生じる損益を加減して**経常利益**を計算します。

有価証券の売買や資金の借入れ、社債の発行などですね。

(3) 純損益計算

純損益計算の区分では、経常利益に臨時的または偶発的に生じた損益を加減して**税引前当期純利益**（または**税引前当期純損**

固定資産売却益や火災損失などです。

失）を計算し、税引前当期純利益から**法人税、住民税及び事業税**を差し引いて会社全体の損益である**当期純利益**（または**当期純損失**）を計算します。

> 「法人税等」で表示することもあります。

損益計算書のひな形を示すと次のとおりです。

損 益 計 算 書
自×1年4月1日 至×2年3月31日 （単位：円）

Ⅰ	売 上 高		1,000
Ⅱ	売 上 原 価		
	1．期首商品棚卸高	100	
	2．当期商品仕入高	600	
	合 計	700	
	3．期末商品棚卸高	150	⊖ 550
A	売 上 総 利 益		450
Ⅲ	販売費及び一般管理費		
	1．広 告 費	40	
	2．貸倒引当金繰入	20	
	3．減 価 償 却 費	30	⊖ 90
B	営 業 利 益		360
Ⅳ	営 業 外 収 益		
	1．受 取 利 息	5	
	2．有 価 証 券 利 息	15	⊕ 20
Ⅴ	営 業 外 費 用		
	1．支 払 利 息	2	
	2．雑 損	8	⊖ 10
C	経 常 利 益		370
Ⅵ	特 別 利 益		
	1．固定資産売却益		⊕ 25
Ⅶ	特 別 損 失		
	1．火 災 損 失		⊖ 15
D	税引前当期純利益		380
	法人税、住民税及び事業税		⊖ 114
E	当 期 純 利 益		266

各段階の利益に注目！

販売費及び一般管理費
ほかに給料、旅費交通費、支払保険料など

営業外収益
ほかに仕入割引、有価証券評価益など

営業外費用
ほかに有価証券評価損など

特別利益
ほかに保険差益など

特別損失
ほかに固定資産売却損など

営業損益計算

経常損益計算

純損益計算

一番はじめに計算
される利益です。

A 売上総利益

売上高から売上原価（売上に対応する原価）を差し引いて**売
上総利益**を計算します。

会社の主な営業活
動（商品売買活
動）によって生じ
た利益です。

B 営業利益

売上総利益から**販売費及び一般管理費**を差し引いて**営業利益**
を計算します。

なお、販売費及び一般管理費は、商品の販売に要した費用や
会社の管理に要した費用で、**給料、広告費、減価償却費、貸倒
引当金繰入**などがあります。

会社の通常の活動
から生じた利益で
す。

C 経常利益

営業利益に**営業外収益**と**営業外費用**を加減して**経常利益**を計
算します。

なお、営業外収益と営業外費用は、金銭の貸付けや借入れ、
有価証券の売買など、商品売買活動以外の活動から生じた収益
や費用で、**営業外収益**には、**受取利息や仕入割引**などが、**営業
外費用**には、**支払利息や雑損**などがあります。

法人税等を差し引
く前の会社全体の
利益です。

D 税引前当期純利益

経常利益に、臨時的または偶発的に生じた利益や損失である
特別利益と**特別損失**を加減して**税引前当期純利益**を計算しま
す。

なお、特別利益には、**固定資産売却益や保険差益**などが、特
別損失には**固定資産売却損や火災損失**などがあります。

これが最終的な会
社の利益です。

E 当期純利益

税引前当期純利益から、法人税等（法人税、住民税及び事業
税）を差し引いて最終的な会社のもうけである**当期純利益**を計
算します。

⊖ 問題編 ⊖
問題1

第2章

一般商品売買

商品を売った金額に対して原価や利益が占める割合って
どのくらいになるか気になるけど
どうやって計算するんだろう…。
また、仕入れた商品を返品したときや
割り戻したときの処理は2級までに学習したけど、
ほかに割引という処理もあるらしい…。

ここでは、原価率と利益率の計算方法と
仕入戻し、仕入割戻、仕入割引の処理について
確認しておきます。

利益率と原価率

原価80円の商品を
100円で売ったら
利益は20円だけど・・・。

ゴエモン㈱では80円で
仕入れた商品を100円
で販売しています。この場合
の利益率と原価率は何％で
しょうか。

> **例** ゴエモン㈱は、原価80円の商品を100円で販売している。このときの利益率および原価率を計算しなさい。

利益率と原価率

　利益率とは売価に占める利益の割合をいい、**原価率**とは売価に占める原価の割合をいいます。

利益率＋原価率＝
100％となること
に注目しましょ
う。

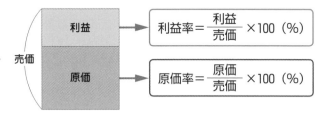

$$利益率＝\frac{利益}{売価}×100（％）$$

$$原価率＝\frac{原価}{売価}×100（％）$$

　したがって、CASE 3の利益率と原価率は次のようになります。

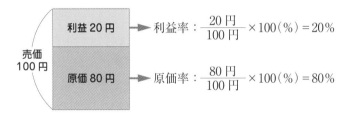

付加率

「原価に○%の利益を付加している」などのように、原価を100%とした場合の利益の加算割合を**付加率**といいます。

利益加算率やマークアップ率ともいいます。

$$付加率 = \frac{利益}{原価} \times 100 \ (\%)$$

CASE 3について付加率を計算すると次のようになります。

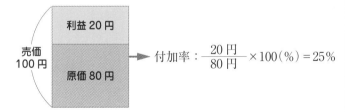

一般商品売買

返品の処理

ゴエモン㈱は、先日、クロキチ㈱から仕入れた商品の一部に品違いがあったため、150円分を返品しました。
このときの仕訳を考えましょう。

取引 ゴエモン㈱は、クロキチ㈱から掛けで仕入れた商品のうち、150円を品違いのため返品した（三分法により処理している）。

これはすでに2級で学習済みですね。

返品（仕入戻し）の処理

　品違いなどの理由で、商品が返却されることを**仕入戻し**といいます。

　三分法を採用している場合、返品があったときは、その分の仕入を取り消す処理をします。

　CASE4では、ゴエモン㈱は仕入側なので、仕入戻しについて、仕入を取り消す処理をします。

CASE4の仕訳

（買　掛　金）	150	（仕　　　入）	150

割戻しの処理

ゴエモン㈱は、クロキチ㈱から1か月間で500円以上を仕入れた場合、仕入代金のうち1％をリベートとして受け取ることになっています。今月の仕入額が600円だったので、クロキチ㈱から6円を受け取ることになりました。

取引 ゴエモン㈱は、仕入先であるクロキチ㈱から6円の割戻しを受け、現金を受け取った（三分法により処理している）。

割戻し（仕入割戻）の処理

> 仕入割戻も2級で学習済みです。

一定の期間に大量の商品を仕入れた取引先からリベートとして代金の一部を受け取ることを**仕入割戻**といいます。

三分法を採用している場合、仕入割戻があったときは、返品と同様に、その分の仕入を取り消す処理をします。

CASE 5の仕訳

（現　　　金）　　6　（仕　　　入）　　6

割引の処理

先日、クロキチ㈱から商品100円を掛けで仕入れましたが、その支払条件に10日以内に代金を支払えば、2％を割り引くというものがありました。そこで、割引を受けるため、仕入日から8日目に買掛金100円を決済しました。

取引 買掛金100円の支払いについて、割引有効期間内の支払いにつき2％の割引を受け、残額を小切手を振り出して支払った。

> 割引は返品・割戻しとは処理がちょっと違います。

割引（仕入割引）とは

　掛け代金を早期に支払うことにより、掛代金に含まれる利息相当分を免除してもらえることがあります。この利息相当分の免除を**割引**といい、仕入側（ゴエモン㈱）からすると**仕入割引**となります。

仕入割引の処理

　仕入割引を受けたときは、免除される利息相当分を**仕入割引（収益）**として処理します。
　したがって、CASE 6の仕訳は次のようになります。

CASE 6の仕訳

> 100円×2％＝2円

（買　掛　金）	100	（仕　入　割　引）	2
		（当　座　預　金）	98

> 貸借差額

返品・割戻し・割引の処理
●返品・割戻し…仕入を取り消す
●割引…仕入割引（収益）で処理

● 損益計算書上の表示…返品・割戻し

　損益計算書の当期商品仕入高は総仕入高から仕入戻し等を控除した**純仕入高**で表示します。

● 損益計算書上の表示…割引

　買掛金のうち利息相当額の免除分である**仕入割引**は、利息（受取利息）的な性格を有します。したがって、仕入割引は損益計算書上、**営業外収益**に表示します。

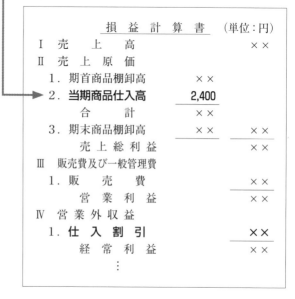

仕	入
	仕入戻し高　80円
	仕入割戻高 100円
総仕入高 2,580 円	純仕入高 2,400 円

損　益　計　算　書　（単位：円）

Ⅰ　売　　上　　高　　　　　　　　　　　××
Ⅱ　売　上　原　価
　　1．期首商品棚卸高　　　　　××
▶　2．**当期商品仕入高**　　　　**2,400**
　　　　合　　　計　　　　　　××
　　3．期末商品棚卸高　　　　　××　　　××
　　　　売　上　総　利　益　　　　　　　××
Ⅲ　販売費及び一般管理費
　　1．販　　売　　費　　　　　　　　××
　　　　営　業　利　益　　　　　　　　××
Ⅳ　営　業　外　収　益
　　1．**仕　入　割　引**　　　　　　　××
　　　　経　常　利　益　　　　　　　　××
　　　　　　　　　⋮

⟺ 問題編 ⟺
問題2、3

利益率と原価率のまとめ

$$利益率 = \frac{利益}{売価} \times 100(\%) \qquad 原価率 = \frac{原価}{売価} \times 100(\%) \qquad 付加率 = \frac{利益}{原価} \times 100(\%)$$

CASE4〜6

仕入戻し・仕入割戻・仕入割引のまとめ

●仕入戻し・仕入割戻

　　…仕入を取り消す

●仕入割引

　　…仕入割引（営業外収益）で処理

第3章

期末商品の評価

決算において、期末商品棚卸高（原価）を計算する必要がある…。
各商品（雑貨）には値札がついているから、
期末商品の売価はすぐにわかるのだけど、
ひとつひとつの商品の原価をいちいち調べるのはメンドウ…。
なにかいい方法はないかなぁ。

ここでは、期末商品の評価について学習します。
2級で学習した払出単価の計算、棚卸減耗費や商品評価損の計算のほか、
売価還元法という方法について学習します。

棚卸資産の数量計算

商品有高帳

商　品

帳簿をつけて把握する方法と…。

実際の数量を数える方法がある！

決算における売上原価の計算は期首商品棚卸高に当期商品仕入高を足し、期末商品棚卸高を差し引いて計算するため、期末商品棚卸高を求める必要があります。期末商品棚卸高は、期末に残っている商品の数量に単価を掛けて計算しますが、このときの数量計算には2とおりの方法があるようです。

棚卸資産の数量計算

> 1つ、2つ、3つと数えられる資産が棚卸資産です。棚卸資産には商品のほかに製品や仕掛品、消耗品などがあります。

　商品の原価は、期末に残っていれば**商品（資産）**として計上しますが、期中に販売したときは**売上原価（費用）**となります。このように、消費（販売）されることによって費用となる資産で、<u>いくら消費したかを数量的に把握できる資産</u>を**棚卸資産**といいます。

　棚卸資産を期中にいくつ販売（消費）したか、期末にいくつ残っているかを計算する方法には、**継続記録法**と**棚卸計算法**の2つの方法があります。

継続記録法とは？

　商品を仕入れたときや売り上げたときに、いくつ仕入れて、いくつ払い出したかを商品有高帳に記録しておけば、当期に商品をいくつ払い出したかが明らかです。

　このように、棚卸資産の受け入れまたは払い出しのつど帳簿に記録を行うことによって、払出数量を直接求める方法を**継続記録法**といいます。

　この方法によると、受け入れまたは払い出しのつど記録する

ため、つねに棚卸資産の在庫数量が明らかになります。しかし、つねに帳簿に記録するため、手間がかかるというデメリットもあります。

なお、この方法では期末棚卸数量は次のように計算します。

> 期末棚卸数量＝期首棚卸数量＋当期受入数量－当期払出数量

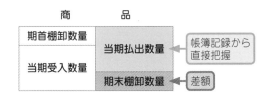

棚卸計算法とは？

継続記録法では、棚卸資産の受け入れと払い出しのときに帳簿に記録しますが、受入時のみ記録しておけば、期末に実地棚卸をすることで受入数量と期末棚卸数量との差から当期の払出数量を計算することもできます。

このように、棚卸資産の払い出しの記録はせず、受入数量と期末棚卸数量との差から当期の払出数量を間接的に計算する方法を**棚卸計算法**といいます。

棚卸計算法によると、記録の手間が省けますが、日々の在庫数量を明らかにすることができないというデメリットがあります。

なお、この方法では払出数量は次のように計算します。

> 払出数量＝期首棚卸数量＋当期受入数量－期末(実地)棚卸数量

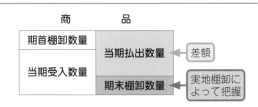

棚卸計算法では、帳簿に払出数量を記録していないため、期末帳簿数量が明らかになりません。したがって、期末に実地棚卸をしても、棚卸減耗を把握することができないというデメリットもあります。

継続記録法と棚卸計算法		
	継続記録法	棚卸計算法
意　　味	棚卸資産の受け入れまたは払い出しのつど、帳簿に記録を行うことによって、払出数量を直接求める方法	棚卸資産の払い出しの記録はせず、受入数量と期末棚卸数量との差から、当期の払出数量を間接的に計算する方法
メリット	在庫数量がつねに明らか	記録の手間がかからない
デメリット	記録の手間がかかる	期中の在庫数量が不明なので、在庫管理ができない

● 通常は継続記録法＋棚卸計算法！

　継続記録法によって記録すると、期中の在庫数量が明らかになります。また、期末に実地棚卸を行うことによって、帳簿棚卸数量と実地棚卸数量から棚卸減耗を把握することができます。

　そこで、棚卸資産の在庫管理上、継続記録法と棚卸計算法を併用することが一般的です。

払出単価の計算

ゴエモン㈱では商品の入庫、出庫について商品有高帳に記録、管理しています。

当期に仕入単価の異なる商品を売り上げたのですが、この場合、売り上げた商品の仕入単価はどのように決定したらよいのでしょう？

> **例** 次の資料にもとづき、(1)先入先出法、(2)総平均法による場合の売上原価と期末商品棚卸高を計算しなさい。
>
> [資　料] 期首棚卸高：@10円（原価）×12個＝120円
> 　　　　　当期仕入高：@15円（原価）×18個＝270円
> 　　　　　当期売上高：@30円（売価）×22個＝660円

払出単価の決定

　商品（棚卸資産）の受け入れと払い出しについて商品有高帳を用いて管理している場合、商品有高帳への記入は仕入原価で行われますが、同じ種類の棚卸資産でも仕入れた時期や仕入先の違いによって、仕入単価が異なることがあります。

　この場合、商品を売り上げた（払い出した）ときに、どの仕入単価の商品を払い出したか（**払出単価**）を決定しなければなりません。

　なお、払出単価の決定方法には、**先入先出法、平均原価法、個別法、最終仕入原価法、売価還元法**があります。

> 試験でよく出題されるのは、2級でも学習した先入先出法、平均原価法と売価還元法です。

(1) 先入先出法

先入先出法とは、先に受け入れたものから先に払い出したと仮定して棚卸資産の払出単価を決定する方法をいいます。

したがって、期末商品は後から受け入れたものということになります。

CASE 8 （1）先入先出法

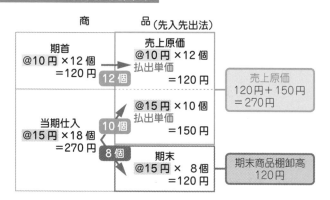

(2) 平均原価法

平均原価法とは、平均単価を計算し、この平均単価を払出単価とする方法をいいます。

平均原価法には、棚卸資産の受け入れのつど平均単価を計算する方法（**移動平均法**）と、一定期間の総仕入高と総仕入数量から平均単価を計算する方法（**総平均法**）があります。

総平均法によった場合の売上原価と期末商品棚卸高は次のとおりです。

> 仕入のつどか一定期間かの違いはありますが、平均単価の計算の仕方は移動平均法の場合も同じです。

CASE 8 （2）総平均法

$$平均単価：\frac{120円 + 270円}{12個 + 18個} = @13円$$

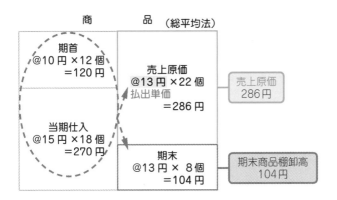

個別法と最終仕入原価法

(1) 個別法

個別法とは、棚卸資産ごとに取得原価がわかるように区別しておき、それぞれの棚卸資産を払い出したときに、それぞれの取得原価を払出原価とする方法をいいます。

この方法は棚卸資産ごとに取得原価を把握するため、非常に手間がかかります。したがって、宝石や絵画など、貴重で個別性の高い商品に用いられる方法です。

(2) 最終仕入原価法

最終仕入原価法とは、当期において最後に仕入れたときの単価を期末商品の単価とし、差額で売上原価を算定する方法をいいます。

したがって、期末商品の数量が最後に仕入れた数量よりも少ない場合は、期末商品はすべて最後に仕入れたものとなるため、先入先出法の場合と同じ結果になりますが、期末商品の数量が最後に仕入れた数量よりも多い場合、期末商品は最後に仕入れたものとその直前に仕入れたものになります。この場合、その直前に仕入れたものの単価が最後に仕入れたものの単価と異なる場合でも、最後に仕入れたものの単価で計算するため、期末商品棚卸高が取得原価にもとづかない金額となってしまいます。

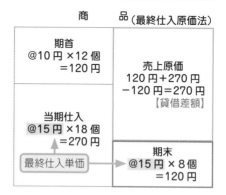

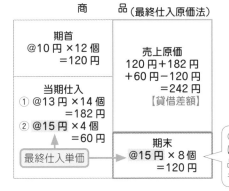

最終仕入数量＜期末商品数量の場合

商　品（最終仕入原価法）

期首 @10円×12個 ＝120円	売上原価 120円＋182円 ＋60円−120円 ＝242円 【貸借差額】
当期仕入 ① @13円×14個 　＝182円 ② @15円×4個 　＝60円 最終仕入単価	
	期末 @15円×8個 ＝120円

@15円で仕入れたのは4個分であるにもかかわらず、期末に残っている商品はすべて（@13円で仕入れたものも）@15円で計算されてしまいます。

　会計のルールのひとつに「資産の帳簿価額は取得したときに支払った金額（取得原価）で把握しなければならない」というものがあります。この考え方を取得原価主義といいますが、最終仕入原価法によると、期末商品棚卸高が取得原価にもとづかない金額となってしまいます。

　したがって、企業会計原則（基本的な会計処理や手続きのルールを定めたもの）では、最終仕入原価法は認められていません。

最終仕入原価法は税法で認められている方法です。

取得原価主義
資産の帳簿価額は取得したときに支払った金額（取得原価）で把握しなければならないという考え方

会計学

期末商品の評価

商品
残り10個

1.2.3・・・
あれ？8個しかない。

しかも、品質が落ちてる
ものもある・・・。

今日は決算日。そこで
商品の棚卸しをしまし
たが、帳簿数量と実際数量が
一致していません。また、時
価の下落の影響を受けた商品
や、長期的に倉庫に保管して
いたために陳腐化してしまっ
た商品もあります。
この場合、どのような処理を
するのでしょう？

例　商品の期末棚卸高は次のとおりである。棚卸減耗費と商品評価損
を計算しなさい。

帳簿棚卸高　　10個　単価 @10円

実地棚卸高　　8個

良　　品　6個　単価 @9円（正味売却価額）

品質低下品　2個　単価 @6円（正味売却価額）

用語 **正味売却価額**…売却時価のこと。売価－（見積追加製造費用＋見積販売直接経費）
品質低下…保管や入出庫における損傷などによる物理的な棚卸資産の価値の低下

棚卸減耗費につい
ては2級でも学習
しましたね。

棚卸減耗費の計上

　決算において、商品の実地棚卸をした結果、実地棚卸数量が
帳簿に記入されている帳簿棚卸数量よりも少ないことがありま
す。

　この棚卸数量の減少を**棚卸減耗**といい、棚卸減耗が生じたと
きは、減耗した商品の金額を**棚卸減耗費（費用）**として処理し
ます。

$$棚卸減耗費 = @原価 \times \left(\frac{帳簿棚卸}{数量} - \frac{実地棚卸}{数量} \right)$$

棚卸減耗数量

@10円 × （ 10個 － 8個 ） =20円
原価　帳簿棚卸数量　実地棚卸数量

@10円の商品が2個（10個－8個）減耗しています。

原価 @10円

棚卸減耗費
@10円×
（10個－8個）
=20円

実地棚卸数量　帳簿棚卸数量
　8個　　　　　10個

棚卸減耗費の表示

　棚卸減耗費のうち、毎期発生する程度の棚卸減耗費（**原価性のある棚卸減耗費**といいます）については、損益計算書上、**売上原価の内訳項目**または**販売費及び一般管理費**に表示します。

　一方、毎期発生する程度を超えた棚卸減耗費（**原価性のない棚卸減耗費**といいます）については、損益計算書上、**営業外費用**または**特別損失**に表示します。

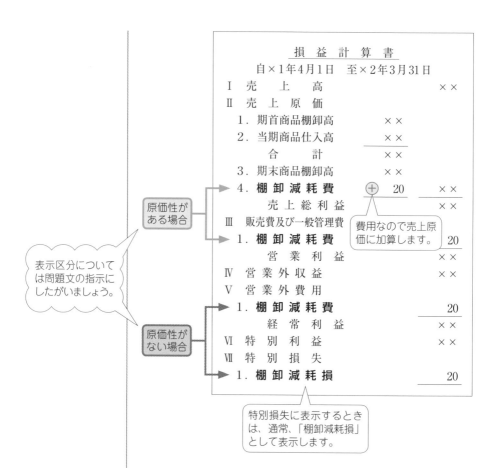

表示区分について
は問題文の指示に
したがいましょう。

原価性が
ある場合

費用なので売上原
価に加算します。

原価性が
ない場合

特別損失に表示するとき
は、通常、「棚卸減耗損」
として表示します。

損　益　計　算　書
自×1年4月1日　至×2年3月31日
Ⅰ　売　　上　　高　　　　　　　××
Ⅱ　売　上　原　価
　1.　期首商品棚卸高　　　　××
　2.　当期商品仕入高　　　　××
　　　　合　　計　　　　　　××
　3.　期末商品棚卸高　　　　××
　4.　**棚卸減耗費**　　　＋　20　　××
　　　売　上　総　利　益　　　　××
Ⅲ　販売費及び一般管理費
　1.　**棚卸減耗費**　　　　　　　20
　　　営　　業　　利　　益　　　××
Ⅳ　営　業　外　収　益　　　　　××
Ⅴ　営　業　外　費　用
　1.　**棚卸減耗費**　　　　　　　20
　　　経　　常　　利　　益　　　××
Ⅵ　特　別　利　益　　　　　　　××
Ⅶ　特　別　損　失
　1.　**棚卸減耗損**　　　　　　　20

● 商品評価損の計上

これらをまとめて
「収益性の低下」
といいます。

　時価の下落、品質の低下や陳腐化（流行おくれ）などによっ
て、商品の原価よりも正味売却価額（通常は時価）が下落した
ときは、原価と正味売却価額との差額を**商品評価損（費用）**と
して処理します。

　CASE9では、実地棚卸数量8個のうち、良品が6個（正味
売却価額は＠9円）、品質低下品が2個（正味売却価額は＠
6円）なので、商品評価損は次のように計算します。

良　品　分：(@10円 − @ 9円)×6個＝　6円（★1）
品質低下分：(@10円 − @ 6円)×2個＝　8円（★2）
14円

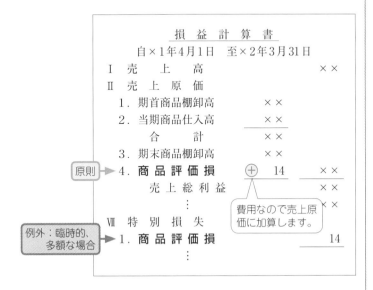

原価 @10円

正味売却価額
（良品）@9円

（品質低下）@6円

（★1）商品評価損

（★2）

棚卸減耗費

良品　実地棚卸数量　帳簿棚卸数量
6個　　8個　　　　10個
2個

商品評価損の表示

　商品評価損については、原則として**売上原価の内訳項目**として表示しますが、例外的に、商品評価損が臨時的で多額に生じたときは**特別損失**に表示します。

> 製品の製造に関連して不可避的に生じた評価損は「製造原価」として処理します。

損　益　計　算　書
自×1年4月1日　至×2年3月31日

Ⅰ　売　　上　　高　　　　　　　　××
Ⅱ　売　上　原　価
　　1．期首商品棚卸高　　　　××
　　2．当期商品仕入高　　　　××
　　　　合　　　計　　　　　××
　　3．期末商品棚卸高　　　　××

原則 → 　4．**商品評価損**　　⊕　14　　　××
　　　　売　上　総　利　益　　　　　　××
　　　　　　　⋮　　　　　　　　　　××

> 費用なので売上原価に加算します。

Ⅶ　特　別　損　失

例外：臨時的、多額な場合

　　1．**商品評価損**　　　　　　　　14
　　　　　⋮

以上より、期末商品の評価についてまとめると次のとおりです。

期末商品の評価

(1) 処理

原　価
正味売却価額
（良品）
（品質低下）

期末商品棚卸高（帳簿価額）

商品評価損

棚卸減耗費

貸借対照表の商品

良品　実地棚卸数量　帳簿棚卸数量

(2) 表示方法

		売上原価	販　売　費	営業外費用	特別損失
棚卸減耗費	原価性あり	○	○		
	原価性なし			○	○
商品評価損		○（原則）			△（例外）

⇔ 問題編 ⇔
問題4、5

期末商品の評価

売価還元法

100円　80円　300円　・・・

売価から原価を計算することはできないかなぁ？

今日は決算日。商品の棚卸しをして期末商品原価を計算しなければなりませんが、ゴエモン㈱では多品種の雑貨を販売しているため、ひとつひとつの原価を調べるのは面倒です。そこで何かいい方法がないかと調べてみたところ、売価と原価率を使って原価を計算する方法があるようです。

例　次の資料にもとづき、売価還元法による原価率、売上原価、棚卸減耗費、貸借対照表の商品の金額を計算しなさい。

［資　料］

	原　価	売　価
期 首 商 品	2,240円	3,250円
当 期 仕 入 高	10,000円	
原 始 値 入 額		4,000円
値 　 上 　 額		1,000円
値 上 取 消 額		△250円
値 　 下 　 額		△1,500円
値 下 取 消 額		500円
当 期 売 上 高		13,600円
期末商品（実地棚卸売価）		3,000円

用語　原始値入額…商品の原価に最初につけた利益額

売価還元法とは

デパートやスーパーマーケットなど、商品の取扱品種が非常に多い企業において、品目ごとに期末商品原価を計算するのは困難です。そこで、このような企業では商品グループごとに期末商品の売価合計額に原価率を掛けて期末商品原価を計算する方法（**売価還元法**）を採用することができます。

売価還元法は期末商品原価を計算するための方法なので、売上原価は期末商品原価を計算したあと、差額で計算します。

売価の決定と原価率の算定

売価還元法では、まずは原価合計と売価合計から原価率を計算します。

CASE10の資料をみると、期首商品については原価と売価がありますが、当期仕入高については原価しかないので、売価を計算しなければなりません。

企業は仕入原価に一定の利益を加算して売価を決定します。ここで、仕入原価に最初に加算した利益額を**原始値入額**といいます。

そして、期中に値上げや値下げをして最終的な売価が決まります。したがって、CASE10の原価合計と売価合計、原価率は次のように計算することができます。

なお、上記の原価率について計算式で表すと次のとおりです。

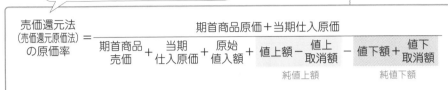

後述の売価還元低価法と区別するため、この方法を売価還元原価法といいます。

$$\text{売価還元法} \atop \text{(売価還元原価法)} \atop \text{の原価率} = \frac{\text{期首商品原価} + \text{当期仕入原価}}{\text{期首商品売価} + \text{当期仕入原価} + \text{原始値入額} + \overbrace{\text{値上額} - \text{値上取消額}}^{\text{純値上額}} - \underbrace{\text{値下額} + \text{値下取消額}}_{\text{純値下額}}}$$

CASE10 売価還元原価法の原価率

$$\frac{2,240円 + 10,000円}{3,250円 + 10,000円 + 4,000円 + 1,000円 - 250円 - 1,500円 + 500円}$$

$$= 0.72$$

期末商品原価等の計算

原価率を計算したら、期末商品売価に原価率を掛けて期末商品原価を計算します。

ここで、さきほどの商品のボックス図（貸方）に売価を記入してみると、借方と貸方の売価合計が一致していません。

このときの売上高は総売上高から売上戻りだけを控除した金額（売上割戻は控除しない金額）です。

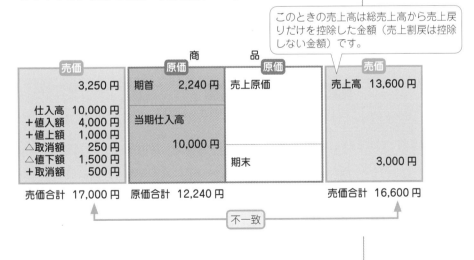

これは、期末商品の売価（3,000円）が実地棚卸高（売価）のため、帳簿棚卸高と差異が生じている（棚卸減耗が生じている）ことを表します。

　したがって、まずは借方の売価合計から貸方の売上高を差し引いて期末帳簿売価を計算します。

CASE10　期末帳簿売価

17,000円 － 13,600円 ＝ 3,400円
　売価合計(借方)　売上高

　この期末帳簿売価に原価率（0.72）を掛けて期末帳簿原価を計算します。

CASE10　期末帳簿原価

3,400円 × 0.72 ＝ 2,448円　◄─── P/L期末商品棚卸高
帳簿売価　　原価率

　次に、商品ボックスの借方の原価合計から期末帳簿原価を差し引いて売上原価を計算します。

CASE10　売上原価

12,240円 － 2,448円 ＝ 9,792円
原価合計(借方)　帳簿原価

　そして、期末帳簿売価と期末実地売価との差額に原価率（0.72）を掛けて**棚卸減耗費**を計算します。

CASE10　棚卸減耗費

(3,400円 － 3,000円) × 0.72 ＝ 288円
　帳簿売価　　実地売価

　最後に、期末実地売価に原価率を掛けて（または期末帳簿原価から棚卸減耗費を差し引いて）貸借対照表の商品の金額を計算します。

CASE10　貸借対照表の商品の金額

3,000円 × 0.72 ＝ 2,160円
実地売価　　原価率

P/L期末商品棚卸高：
3,400円×0.72＝2,448円

原価率(0.72)

| 貸借対照表価額
3,000円×0.72＝2,160円 | 棚卸減耗費
(3,400円－
3,000円)×
0.72＝288円 |

実地売価　　　帳簿売価
3,000 円　　　3,400 円

商品評価損の計算

　売価還元法を採用している場合でも、正味売却価額が帳簿価額を下回ったら、期末商品は正味売却価額で評価し、正味売却価額と帳簿価額との差額を商品評価損として計上します。

　仮にCASE10について、期末における商品の正味売却価額が2,000円であったとした場合の商品評価損は次のようになります。

商品評価損：3,000円 × 0.72 － 2,000円 ＝ 160円

　　　　　実地売価×原価率　正味売却価額
　　　　　＝実地原価

実地原価：3,000 円 ×0.72＝2,160 円

原価率(0.72)

| 商品評価損
2,160円－2,000円＝160円 | 棚卸減耗費 |
| 正味売却価額
（貸借対照表価額）
2,000 円 | |

実地売価　　　帳簿売価
3,000 円　　　3,400 円

売価還元低価法の原価率

　前述のように、売価還元法を採用している場合でも正味売却価額が帳簿価額を下回った場合は、期末商品を正味売却価額で評価しますが、特定の場合は前述の売価還元原価法による原価率よりも低い原価率を用いて期末商品原価を計算する方法（**売価還元低価法**といいます）が認められています。

通常、商品の市場価値が下がると値下げを行いますが、この値下額が売価に適切に反映されている場合をいいます。

値下額が適切に売価に
反映されている場合は
売価還元低価法を採用
できる。

フ～ン

経理
マニュアル

売価還元低価法では原価率を2つ用います。

ひとつは売価還元原価法による原価率（CASE10では0.72）
で、もうひとつは**純値下額を無視して計算した原価率（低価法
原価率）**です。

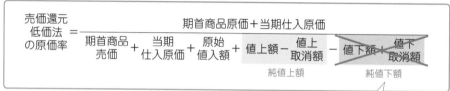

売価還元
低価法　＝
の原価率
$$\frac{\text{期首商品原価＋当期仕入原価}}{\text{期首商品売価}＋\text{当期仕入原価}＋\text{原始値入額}＋\underbrace{\text{値上額}-\text{値上取消額}}_{\text{純値上額}}-\underbrace{\text{値下額}+\text{値下取消額}}_{\text{純値下額}}}$$

低価法原価率では、分母から
純値下額を控除しません。

CASE10　売価還元低価法の原価率

$$\frac{2,240円＋10,000円}{3,250円＋10,000円＋4,000円＋1,000円－250円}=0.68$$

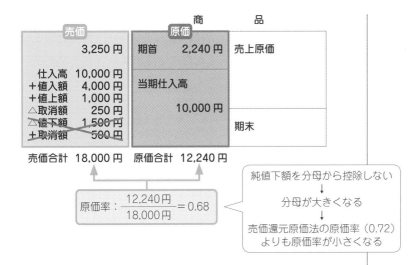

売価還元低価法では、この原価率（0.68）に期末実地売価を掛けて貸借対照表価額を計算します。

なお、売価還元低価法を採用する場合には、**商品評価損を計上する方法と商品評価損を計上しない方法**があります。

(1) 商品評価損を計上する方法

この方法では、売価還元原価法の原価率と売価還元低価法の原価率の差に期末実地売価を掛けた金額を商品評価損として計上します。

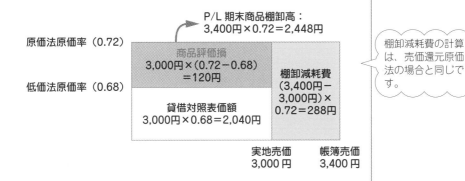

この方法では、売価還元低価法の原価率のみで貸借対照表価額と棚卸減耗費を計算するため、商品評価損は計上されません。

棚卸減耗費は、売価還元低価法の原価率に帳簿売価と実地売価の差額を掛けて計算します。

低価法原価率(0.68)

P/L 期末商品棚卸高：
3,400円×0.68＝2,312円

貸借対照表価額 3,000円×0.68＝2,040円	棚卸減耗費 (3,400円−3,000円)×0.68＝272円

実地売価　　帳簿売価
3,000 円　　3,400 円

売価還元法による商品の評価

$$\text{売価還元原価法の原価率} = \frac{\text{期首商品原価＋当期仕入原価}}{\text{期首商品売価}＋\text{当期仕入原価}＋\text{原始値入額}＋\text{値上額}－\text{値上取消額}－\text{値下額}＋\text{値下取消額}}$$

原価率(0.72)

P/L 期末商品棚卸高：
3,400円×0.72＝2,448円

商品評価損 3,000円×0.72−2,000円 ＝160円	棚卸減耗費 (3,400円−3,000円)×0.72＝288円
正味売却価額 (貸借対照表価額) 2,000 円	

実地売価　　帳簿売価
3,000 円　　3,400 円

※貸借対照表価額を売価還元低価法で計算する場合（例外）

値下額が売価合計額に適切に反映されている場合は、売価還元低価法の原価率によって貸借対照表価額を算定することができます。

$$\text{売価還元低価法の原価率} = \frac{\text{期首商品原価＋当期仕入原価}}{\text{期首商品売価}＋\text{当期仕入原価}＋\text{原始値入額}＋\text{値上額}－\text{値上取消額}}$$

① 評価損を計上する場合

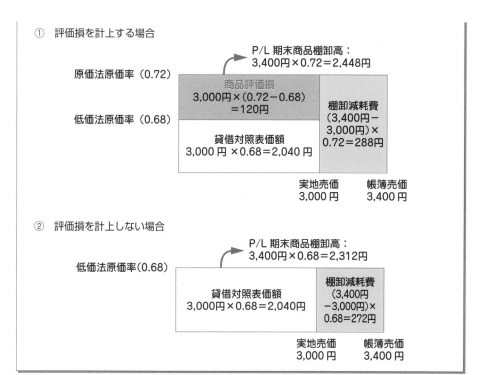

② 評価損を計上しない場合

⇔ 問題編 ⇔
問題6〜9

棚卸資産の数量計算のまとめ

	継続記録法	棚卸計算法
意　　味	棚卸資産の受け入れまたは払い出しのつど、帳簿に記録を行うことによって、払出数量を直接求める方法	棚卸資産の払い出しの記録はせず、受入数量と期末棚卸数量との差から、当期の払出数量を間接的に計算する方法
メリット	在庫数量がつねに明らか	記録の手間がかからない
デメリット	記録の手間がかかる	期中の在庫数量が不明なので在庫管理ができない

払出単価の計算のまとめ

先入先出法	先に受け入れたものから先に払い出したと仮定して棚卸資産の払出単価を決定する方法
平均原価法	平均単価を計算し、この平均単価を払出単価とする方法 移動平均法（棚卸資産の受け入れのつど平均単価を計算する方法）と総平均法（一定期間の総仕入高と総仕入数量から平均単価を計算する方法）がある
個　別　法	棚卸資産ごとに取得原価がわかるように区別しておき、それぞれの棚卸資産を払い出したときに、それぞれの取得原価を払出原価とする方法
最終仕入原価法	当期において最後に仕入れたときの単価を期末商品の単価とし、差額で売上原価を算定する方法。企業会計原則では認められていない

CASE9

期末商品の評価のまとめ

(1) 処理

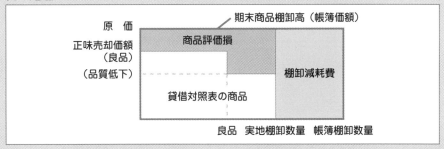

(2) 表示方法（商品のみ）

		売 上 原 価	販 売 費	営業外費用	特 別 損 失
棚卸減耗費	原価性あり	○	○		
	原価性なし			○	○
商品評価損		○（原則）			△（例外）

CASE10

売価還元法のまとめ

(1) 売価還元原価法

$$売価還元原価法の原価率 = \frac{期首商品原価＋当期仕入原価}{期首商品売価＋当期仕入原価＋原始値入額＋\underbrace{値上額－値上取消額}_{純値上額}－\underbrace{値下額＋値下取消額}_{純値下額}}$$

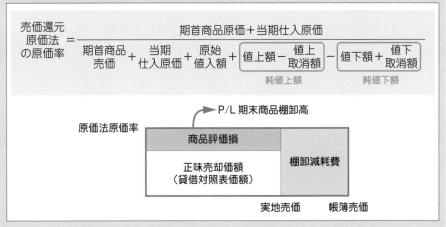

第3章 期末商品の評価 41

(2) 売価還元低価法

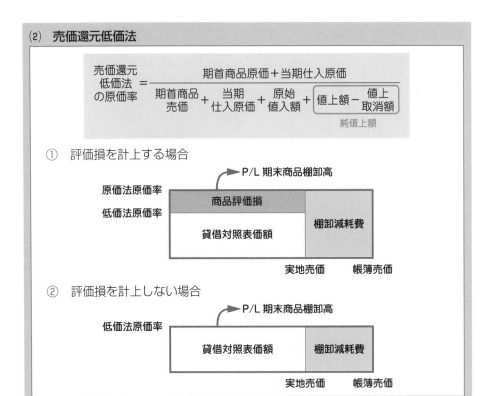

$$\text{売価還元低価法} = \frac{\text{期首商品原価＋当期仕入原価}}{\text{期首商品売価}＋\text{当期仕入原価}＋\text{原始値入額}＋\boxed{\text{値上額}－\text{値上取消額}}}$$

純値上額

① 評価損を計上する場合

→ P/L 期末商品棚卸高

原価法原価率
低価法原価率

| 商品評価損 | |
| 貸借対照表価額 | 棚卸減耗費 |

実地売価　　帳簿売価

② 評価損を計上しない場合

→ P/L 期末商品棚卸高

低価法原価率

| 貸借対照表価額 | 棚卸減耗費 |

実地売価　　帳簿売価

第4章

総記法

仕入取引や売上取引があったとき、三分法を前提に、
あたり前のように「仕入」や「売上」で処理していたけど、
総記法っていう方法によると
「仕入」や「売上」で処理しないんだって。

ここでは、総記法についてみていきます。

総記法とは

商品を仕入れたときや、売り上げたときの処理には三分法や売上原価対立法がありましたが、1級では総記法という方法について学習します。

取引　次の一連の取引を、総記法によって処理しなさい。
①ゴエモン㈱は仕入先クロキチ㈱から商品400円を掛けで仕入れた。
②ゴエモン㈱は得意先シロミ㈱に商品500円を掛けで売り上げた。

総記法とは

　総記法は、商品を仕入れたときに**原価**で**商品勘定の借方**に記入し、商品を売り上げたときに**売価**で**商品勘定の貸方**に記入する方法です。

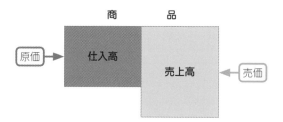

商品を仕入れたときの処理

商品を仕入れたときは**原価**で**商品勘定の借方**に記入します。

CASE11の仕訳　①商品仕入時

| （商　　　　品） | 400 | （買　　掛　　金） | 400 |

原価

商品を売り上げたときの処理

商品を売り上げたときは**売価**で**商品勘定の貸方**に記入します。

CASE11の仕訳　②商品売上時

| （売　　掛　　金） | 500 | （商　　　　品） | 500 |

売価

CASE11の取引について商品勘定を示すと、次のとおりです。

商　　品

原価 → ①仕入高 400円

②売上高 500円 ← 売価

貸方残高 100円

> 総記法の商品勘定は、資産の増減と収益の増減が混合するため、混合勘定とよばれます。

> 借方残高になることもあります。

総記法

決算時の処理

商品勘定にはこんなふうに
記入されているけど、
決算整理仕訳はどうなるの？

商品

仕入高	売上高
原価	売価

今日は決算日。商品の棚卸しをして、期末商品棚卸高を計算しなければなりません。

総記法で処理している場合、決算においてどのような処理をするのでしょうか？

例 次の資料にもとづき、決算整理仕訳を示しなさい。なお、ゴエモン㈱は総記法を採用している。

[資 料]
(1) ゴエモン㈱は当期において、商品2,000円を仕入れている。
(2) ゴエモン㈱は当期において、原価1,800円の商品を2,250円で売り上げている。
(3) 期末商品棚卸高は200円である。

● 決算時の処理

　総記法で処理しているときは、決算において、売り上げた商品の売価と原価から**商品売買益**を計算し、**商品勘定から商品売買益勘定に振り替えます。**

CASE12の仕訳

（商　　　品）	450	（商 品 売 買 益）	450

2,250円－1,800円＝450円

以上の仕訳を行うことで、商品勘定の残高が期末商品棚卸高に修正されます。

期末商品棚卸高が判明している場合の商品売買益

期末商品棚卸高が判明している場合、商品売買益を次のようにして計算することもできます。

期末商品棚卸高が判明している場合の 商品売買益
●商品勘定が貸方残高の場合
商品売買益＝期末商品棚卸高＋商品勘定の貸方残高
●商品勘定が借方残高の場合
商品売買益＝期末商品棚卸高－商品勘定の借方残高

> 貸方残高の場合は、プラス

> 借方残高の場合は、マイナス

したがって、CASE12の商品売買益は次のように計算することができます。

CASE12 商品売買益

①商品勘定の残高：2,250円 − 2,000円 = 250円（貸方残高）
　　　　　　　　売上高(貸方)　仕入高(借方)

②商品売買益：200円 ＋ 250円 = 450円
　　　　　　　期末商品棚卸高　①

> 商　品
> 仕入高 2,000円 ／ 売上高 2,250円
> 貸方残高 250円

返品・割戻しの処理

三分法と
同じなのかな？

仕入戻し

仕入割戻

総記法を採用している
場合の返品や割戻しの
処理をみてみましょう。

取引　次の各取引について、仕訳をしなさい。なお、ゴエモン㈱は総記
法を採用している。

①掛けで仕入れた商品のうち180円を返品した。

②掛けで仕入れた商品の一部について30円の割戻しを受けた。

返品・割戻しの処理

　返品や割戻しがあったときは、返品や割戻しの分だけ、**仕入時の処理を取り消します。**

CASE13の仕訳　①仕入戻しの場合

（買　掛　金）　180　（商　　　品）　180

仕入時の仕訳
（商 品）×× （買掛金）××
　　原価　　　　　原価

CASE13の仕訳　②仕入割戻の場合

（買　掛　金）　30　（商　　　品）　30

総記法の問題の解き方

解き方を
マスターしよう

総記法の問題の解き方をみてみましょう。
損益計算書と貸借対照表が作成できるよう
になれば、総記法は完璧です。

問題 次の資料により、損益計算書（一部）と貸借対照表（一部）を完
成させなさい。

［資料1］決算整理前残高試算表（一部）

決算整理前残高試算表　（単位：円）

	商　　　　品	2,900

［資料2］
(1) 当期商品仕入高は9,500円である。
(2) 期末商品帳簿棚卸高は1,000円である。なお、棚卸減耗費（販売
費及び一般管理費に表示）が20円発生している。
(3) 利益率（売上高利益率）は30％である。

損　益　計　算　書　　　　（単位：円）

Ⅰ. 売　上　高　　　　　　　　（　　　　　　）
Ⅱ. 売　上　原　価
　1. 期首商品棚卸高　（　　　　　　）
　2. 当期商品仕入高　（　　　　　　）
　　　　合　　計　　　（　　　　　　）
　3. 期末商品棚卸高　（　　　　　　）　（　　　　　　）
　　　売上総利益　　　　　　　　　　（　　　　　　）
Ⅲ. 販売費及び一般管理費
　1. 棚　卸　減　耗　費　（　　　　　　）

貸　借　対　照　表　　　　（単位：円）

商　　　　品	（　　　　）	

● 決算整理仕訳

決算整理仕訳を示すと次のとおりです。

⑴ 商品売買益の算定と振り替え

商品勘定の残高と期末帳簿棚卸高から商品売買益を計算し、商品勘定から商品売買益勘定に振り替えます。

商品勘定の残高が貸方残高なので、「商品売買益＝期末商品棚卸高＋商品勘定の残高」で計算します。

（商 品）	3,900	（商 品 売 買 益）	3,900

1,000円＋2,900円＝3,900円

⑵ 棚卸減耗費の振り替え

棚卸減耗費を商品勘定から棚卸減耗費勘定に振り替えます。

（棚 卸 減 耗 費）	20	（商 品）	20

● 売上高の計算

売上高は利益率から計算します。

売上高

$$\frac{3,900円（商品販売益）}{?円（売上高）} = 0.3$$

$$?円（売上高） = \frac{3,900円}{0.3}$$

$$= 13,000円$$

● 期首商品棚卸高の算定

　利益率から原価率を求め、商品のボックス図を書いて期首商品棚卸高を算定します。

原価率
　$1 - 0.3 = 0.7$

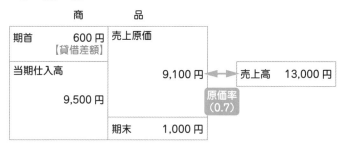

売上原価
　$13,000 円 \times 0.7 = 9,100 円$

期首商品棚卸高
　$9,100 円 + 1,000 円 - 9,500 円 = 600 円$

損益計算書と貸借対照表の作成

　以上より、損益計算書と貸借対照表に金額を記入すると次の
とおりです。

CASE14の損益計算書と貸借対照表

損　益　計　算　書　　　　（単位：円）

Ⅰ．売　　上　　高　　　　　　　　　（　　　13,000）
Ⅱ．売　上　原　価
　　1．期首商品棚卸高　（　　　　600）
　　2．当期商品仕入高　（　　　9,500）
　　　　　合　　　計　　（　　10,100）
　　3．期末商品棚卸高　（　　　1,000）　（　　　9,100）
　　　　売 上 総 利 益　　　　　　　　（　　　3,900）
Ⅲ．販売費及び一般管理費
　　1．棚 卸 減 耗 費　（　　　　20）

貸　借　対　照　表　　　　（単位：円）

商　　　　　品　（　　　980）

1,000円－20円＝980円
棚卸減耗費

問題編

問題10

売上原価対立法

売上原価対立法とは、商品を仕入れたときに、原価で商品（資産）の増加として処理し、商品を売り上げたときに、売価で売上（収益）を計上するとともに、その商品の原価を商品（資産）から売上原価（費用）に振り替える方法をいいます。

> 売上原価対立法について、簡単に復習しておきましょう。

(1) 商品を仕入れたときの処理

売上原価対立法では、商品を仕入れたとき、原価で商品（資産）の増加として処理します。

| 例 | 商品100円を仕入れ、代金は掛けとした。 |

（商　　　品）　100　（買　掛　金）　100

(2) 商品を売り上げたときの処理

売上原価対立法では、商品を売り上げたとき、売価で売上（収益）を計上するとともに、その商品の原価を商品（資産）から売上原価（費用）に振り替えます。

| 例 | 商品（原価90円、売価120円）を売り上げ、代金は掛けとした。 |

（売　掛　金）　120　（売　　　上）　120

（売　上　原　価）　 90　（商　　　品）　 90

(3) 決算日の処理

売上原価対立法では、決算時における処理はありません。

| 例 | 決算日を迎えた。期首商品棚卸高は10円、期末商品棚卸高は20円であった。 |

仕 訳 な し

⇔ 問題編 ⇔
問題11

CASE11

総記法とは

●総記法…商品を仕入れたときに原価で商品勘定の借方に記入し、商品を売り上げたときに売価で商品勘定の貸方に記入する方法

CASE12

総記法の決算時の処理

(1) 商品売買益の振り替え

（商　　　　品）　450　（商 品 売 買 益）　450

(2) 期末商品棚卸高が判明している場合の商品売買益

●商品勘定が貸方残高の場合

　　商品売買益＝期末商品棚卸高＋商品勘定の貸方残高

●商品勘定が借方残高の場合

　　商品売買益＝期末商品棚卸高－商品勘定の借方残高

CASE13

総記法の返品・割戻時の処理

返品や割戻があったときは、返品や割戻の分だけ、仕入時の処理を取り消す。

第5章

収益認識に関する会計基準

商品を販売したり、
サービスを提供したときには収益を計上するけれども、
この収益を計上するタイミングや金額は
どのように決めればいいのだろう?

ここでは、収益認識に関する会計基準について学習します。
収益認識に関する会計基準は
損益計算書の売上高に関するとても重要な基準なので、
しっかりと学習しましょう!

CASE 15

収益認識に関する会計基準とは

商品を販売したり、サービスを提供したとき、収益を計上するけど、その収益ってどんなルールにもとづいて計上しているんだろう?

例 次の資料にもとづき、当期の収益を計算しなさい。

[資 料]
(1) 当期首に、ゴエモン㈱は顧客であるシロミ㈱とコピー機の販売と2年間の保守サービスを提供する1つの契約を締結した。契約書に記された対価の額は120円である。
(2) ゴエモン㈱は、当期首においてただちにコピー機を引き渡し、当期首から翌期末まで保守サービスを提供する。なお、対価として120円を現金で受け取った。
(3) ゴエモン㈱におけるコピー機の独立販売価格は100円、2年間の保守サービスの独立販売価格は50円である。

会計学

営業活動の収益が対象なので、固定資産の売却益などの営業外の収益は対象外となります。

収益認識に関する会計基準とは

　収益認識に関する会計基準（以下、「**収益認識基準**」といいます）とは、営業活動により生じる（売上などの）収益に関するルールを記した基準のことで、世の中にあるいろいろな取引について、売上などの収益をいつ、いくらで計上するのかというルールを定めています。

　以前は「実現主義の原則」というルールにしたがって、収益を計上してきましたが、いろいろな取引に対応できるように収

益認識基準が作られました。

認識と測定

　会計学では「**認識**」と「**測定**」ということばがあります。

これはあまり重要ではありません。

　認識とは、収益や費用を**いつ**計上するかを決めることをいい、**測定**とは、認識された収益や費用を**いくら**で計上するのかを決めることをいいます。

認識と測定
- 認識：収益・費用の計上時期を決めること
- 測定：収益・費用の計上金額を決めること

収益認識基準の基本原則

　収益認識基準では、収益（売上など）を顧客（お客さん）との契約（約束）にしたがって商品やサービスを提供したさいに、その商品やサービスを提供したことによって企業が得ることができる金銭などの対価の額に対応する形で認識することを基本的な原則としています。

収益認識の手順

　基本原則を具体的な手順で表すと、次の5つのステップに分けることができます。収益認識は、この5つのステップにしたがって行われ、Step 1、Step 2では収益を認識する単位を、Step 3、Step 4では収益の額を、Step 5では収益をいつ計上するのかを決めます。

収益認識５つのステップ

- (Step 1) 顧客との契約を識別
- (Step 2) 契約における履行義務を識別
- (Step 3) 取引価格を算定
- (Step 4) 契約における履行義務に取引価格を配分
- (Step 5) 履行義務を充足したときに、または充足するにつれて収益を認識

　上記の手順にもとづいて、CASE15について収益を認識すると次のようになります。

(Step 1) 顧客との契約を識別

　顧客（シロミ㈱）と契約を結んでいるかを識別します。CASE15では、顧客（シロミ㈱）とコピー機を販売する契約と２年間の保守サービスを提供するという契約を結んでいます。

フ～ン

契約内容は、コピー機の販売と保守サービスの提供。

契約書

(Step 2) 契約における履行義務を識別

　履行義務（りこうぎむ）とは、契約にしたがって商品やサービスを顧客に引き渡す義務のことをいいます。

　履行義務は、たとえば１つの商品のみを販売する場合など、契約に対して履行義務が１つだけの場合もあれば、商品の販売とサービスの提供を同時に行う場合など、１つの契約に対して複数の履行義務が識別される場合もあります。

CASE15では、ゴエモン㈱とシロミ㈱の間で、コピー機をただちに引き渡す約束と2年間にわたって保守サービスを提供するという約束が結ばれています。そのため、この2つの約束を守らなければならない義務が履行義務となり、1つの契約に対して履行義務が複数ある場合に該当します。

収益を認識する単位が決まり、コピー機の販売と保守サービスのそれぞれで収益を認識することになります。

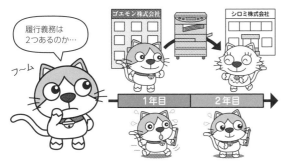

履行義務は
2つあるのか…

フ～ム

ゴエモン株式会社　シロミ株式会社

1年目　2年目

Step 3　取引価格の算定

識別した契約の取引価格を算定します。取引価格とは、商品を販売したり、サービスを提供する代わりに得られると見込まれる対価のことです。ただし、消費税などの第三者のために回収した金額は取引価格から除かれます。

CASE15では、ゴエモン㈱がシロミ㈱から受け取れる対価120円が取引価格となります。

消費税の処理はCASE21で学習します。

Step 4　契約における履行義務に取引価格を配分

1つの契約に履行義務が複数ある場合には、それぞれの履行義務に取引価格を配分する必要があります。取引価格を配分するさいには、それぞれの商品やサービスを単独で販売したときの価格である独立販売価格の比率で配分します。

CASE15では、コピー機の独立販売価格100円、保守サービスの独立販売価格50円にもとづいて取引価格120円をそれぞれの履行義務（コピー機の販売と保守サービスの提供）に配分します。

履行義務が1つしかない場合は配分する必要はありません。

$$\text{コピー機の販売：}120\text{円} \times \frac{100\text{円}}{100\text{円} + 50\text{円}} = 80\text{円}$$

$$保守サービスの提供：120円 \times \frac{50円}{100円 + 50円} = 40円$$

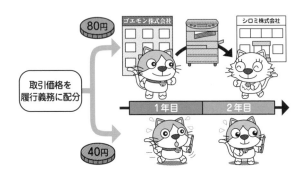

履行義務の充足
は、お客さんとの
約束を果たしたタ
イミングがいつな
のかに注目してく
ださい。

Step 5 履行義務を充足したときにまたは充足するにつれて収益を認識

　履行義務に取引価格を配分したら、あとはどのタイミングで収益を計上するのかを判断します。収益は、一定時点で履行義務を充足する場合には、履行義務を充足したときに（一時点で）計上し、一定期間にわたって履行義務が充足される場合には、履行義務が充足するにつれて（一定期間にわたって）計上します。

収益を認識するタイミング

● 一時点で履行義務を充足したとき
　→ 一時点で収益を認識
● 一定期間にわたって履行義務を充足するとき
　→ 一定期間にわたって収益を認識

CASE15の当期の収益

(1) コピー機の販売

　CASE15では、コピー機の販売は、コピー機を引き渡した時点でシロミ㈱との約束を果たしたことになるので、履行義務は一時点で充足されます。そのため、収益はコピー機を引き渡したとき（当期）に全額計上します。

　コピー機の販売：80円

(2) 保守サービスの提供

CASE15では、保守サービスの提供は2年間にわたって行われ、シロミ㈱との約束は2年間にわたって果たされることになるので、履行義務は一定期間にわたって充足されます。そのため、収益は2年間（当期と翌期）に分けて計上します。

保守サービスの提供（当期分）：$40円 \times \dfrac{12か月}{24か月} = 20円$

(3) 当期の収益

80円 + 20円 = 100円

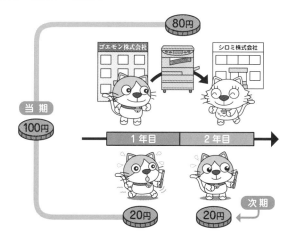

なお、CASE15の仕訳は次のようになります。

CASE15の仕訳

(1) 当期首（コピー機の販売時）

コピー機の販売に対する収益は販売したときに**売上（収益）**として処理しますが、保守サービスの提供に対する収益はまだ履行義務を充足していないので**前受金（負債）**で処理します。

（現　　　　金）	120	（売　　　　上）	80
		（前　受　金）	40

(2) 決算時

1年分の履行義務を充足（保守サービスを提供）したので、**前受金（負債）**を取り崩して、**売上（収益）**として処理します。

⊖ 問題編 ⊖
問題12

翌期の決算時に同じ仕訳を行います。

（前 受 金）	20	（売 上）	20

 参考 顧客との契約から生じた債権と契約資産、契約負債

(1) 顧客との契約から生じた債権

顧客との契約から生じた債権とは、企業が顧客に引き渡した商品や提供したサービスと交換に受け取る対価に対する企業の権利のうち、時の経過以外の受取条件がないものをいいます。

たとえば、売掛金や完成工事未収入金などが顧客との契約から生じた債権となります。

(2) 契約資産

契約資産とは、企業が顧客に引き渡した商品や提供したサービスと交換に受け取る対価に対する企業の権利のうち、顧客との契約から生じた債権以外のものをいいます。

たとえば、完成前の工事に対する未収入金などが契約資産となります。

(3) 顧客との契約から生じた債権と契約資産の違い

顧客との契約から生じた債権は、代金の支払期限が到来すれば代金を受け取ることができるのに対して、契約資産は代金の支払期限の到来以外にも受取条件があるという違いがあります。

例 次の資料にもとづき、収益の計上に関する仕訳をしなさい。

[資 料]
(1) ゴエモン㈱はシロミ㈱へ商品Xおよび商品Yを合わせて200円で販売する契約を締結した。当該契約締結後、ただちに商品Xの引渡しを行うが、商品Yの引渡しは当月末に行われる。

(2)　商品Xの引渡しに対する代金の支払いは商品Yの引渡しを条件とすると定められている。なお、商品Xと商品Yの販売代金は、商品Yの引渡しから1か月後に回収するものとする。

(3)　ゴエモン㈱における商品Xの独立販売価格は120円、商品Yの独立販売価格は80円である。

(4)　商品Xおよび商品Yの引渡しは独立した履行義務であり、それぞれシロミ㈱に引き渡した時点で収益を認識している。

① 商品Xの引渡時

商品代金の受取りは、商品Xと商品Yの両方の引渡しが条件なので、商品Yの引渡しが残っている状況では顧客との契約から生じた債権（資産）ではなく**契約資産（資産）**として処理します。

（契　約　資　産）	120	（売　　　　　上）	120

② 商品Yの引渡時

商品Xと商品Yの両方について引渡しが完了したので、商品代金は支払期限が到来すれば受け取れます。したがって、顧客との契約から生じた債権で処理します。

> 顧客との契約から生じた債権は、売掛金などの具体的な勘定科目を用います。

（売　　掛　　金）	200	（売　　　　　上）	80
		（契　約　資　産）	120

↑ 顧客との契約から生じた債権へ振り替え

③ 代金の回収時

（現　金　な　ど）	200	（売　　掛　　金）	200

(4)　契約負債

契約負債とは、商品やサービスを提供する前に企業が顧客から対価を受け取ったものまたは受け取る期限が到来しているもののことです。

> たとえば、前受金などが契約負債となります。

収益認識に関する会計基準

売上割戻

フーム

取引価格が
変わりそう…。

Step 3 で取引価格を算定するけれど、取引価格は変動する可能性があるんだって！
そして、取引価格が変動する取引には、売上割戻や返品権付きの販売があるみたい…。

取引 ゴエモン㈱は、シロミ㈱に商品500円を掛けで販売した。なお、取引の対価について割戻しを行う可能性が高く割戻額は50円と見積られた。

変動対価とは

変動対価とは、顧客と約束した対価のうち変動する可能性のある部分のことです。たとえば、売上割戻などの対価が変動する取引や、返品権付きの販売が変動対価となる取引に該当します。

売上割戻とは

売上割戻とは、一定の期間に大量の商品を仕入れてくれた取引先に対してリベートとして代金の一部を返すことをいいます。

将来、売上割戻を行う可能性が高いときは、売上割戻の見積額を売上（収益）から差し引いて、後々お金を返す義務である**返金負債（負債）**として処理します。

CASE 5 で学習した仕入割戻のように売上を事後的に取り消すのではなく、あらかじめ控除する処理をします。

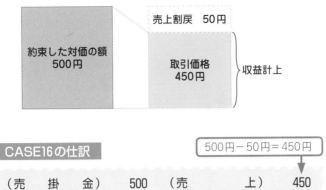

約束した対価の額
500円

売上割戻　50円

取引価格
450円

収益計上

CASE16の仕訳

500円－50円＝450円

| （売　掛　金） | 500 | （売　　　　　上） | 450 |
| | | （返　金　負　債） | 50 |

⇔ 問題編 ⇔
問題 13

収益認識に関する会計基準

返品権付きの販売①
商品を販売したとき

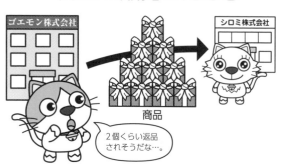

シロミ㈱に商品を10個販売したけれど、この商品には返品を認める権利が付いている…。
そして、そのうち2個は返品される可能性が高そうだ。

2個くらい返品されそうだな…。

取引 ゴエモン㈱は、シロミ㈱に商品を1個10円（原価1個8円）で10個、掛けで販売した。この契約では、販売後1か月間は返品を受け入れており、全額返金に応じているため、ゴエモン㈱がシロミ㈱から受け取る対価は変動対価に該当し、ゴエモン㈱は、販売した商品のうち8個は返品されないと見積もった。なお、商品売買の会計処理は売上原価対立法による。

返品権付きの販売とは

　お客さんに販売した商品について後日返品を受け入れ代金を返却する権利を与える取引を**返品権付きの販売**といいます。返品権付きの販売も売上割戻と同じように、返品されると見込まれる部分が変動対価となります。

売上の計上処理

　返品権付きの商品を販売したときには、返品されると見込まれる部分について**売上（収益）**には含めないで、**返金負債（負債）**として処理します。

ここは、売上割戻と同じです。

原価の計上処理

売上原価対立法で記帳するので、販売したときに売上原価の処理もします。そのさい、返品されると見込まれる商品の原価について、将来商品を回収する権利である**返品資産（資産）**として処理します。

> 返品は、割戻しと違って、商品が返却されるので、戻ってくる商品についてゴエモン㈱は回収する権利を持っています。

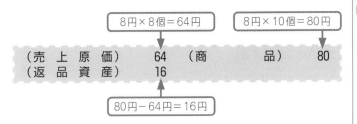

以上より、CASE17の仕訳は次のようになります。

CASE17の仕訳

| （売　掛　金） | 100 | （売　　　上） | 80 |
| | | （返 金 負 債） | 20 |

| （売 上 原 価） | 64 | （商　　　品） | 80 |
| （返 品 資 産） | 16 | | |

収益認識に関する会計基準

返品権付きの販売②
商品が返品されたとき

ゴエモン株式会社

商品

シロミ株式会社

りょうかい！

余ったから
2個返すね！

シロミ㈱から商品が
2個返品されました。
このときどのような処理をす
るのでしょうか？

取引 シロミ㈱から1個10円（原価1個8円）で販売した商品2個が返
品され、当社は代金を現金で支払った。なお、商品売買の会計処
理は売上原価対立法による。

● 返金の処理

商品が返品されて代金を返金したときには、**返金負債（負
債）** を取り崩します。

10円×2個＝20円

（返 金 負 債）　　20　　（現　　　　金）　　20

● 商品の回収の処理

商品が返品されたときには、**返品資産（資産）** を取り崩して
商品（資産） に振り替えます。

8円×2個＝16円

（商　　　　品）　　16　　（返 品 資 産）　　16

以上より、CASE18の仕訳は次のようになります。

CASE18の仕訳

| （返　金　負　債） | 20 | （現　　　　　金） | 20 |
| （商　　　　品） | 16 | （返　品　資　産） | 16 |

⇔ 問題編 ⇔
問題14

参考

変動対価の見積方法

変動対価の額の見積りにあたっては、**最頻値による方法**と**期待値による方法**のいずれかのうち、約束した対価の額をより適切に予測できる方法を採用します。

| **最頻値による方法** | 最も可能性の高い金額（最頻値）を見積る方法 |
| **期待値による方法** | 確率で加重平均した金額（期待値）を見積る方法 |

例　次の資料にもとづき、(1)最頻値による方法と(2)期待値による方法により、返品されると見込む金額を計算しなさい。

［資　料］

取引価格	発生する確率
80円	10%
100円	70%
150円	20%

(1)　最頻値による方法の場合
　100円（発生する確率が最も高い金額）

(2)　期待値による方法の場合
　80円 × 10% + 100円 × 70% + 150円 × 20% = 108円

契約における重要な金融要素

ゴエモン㈱は、シロ
ミ㈱に商品を引き渡
したけど、代金の受取りは2
年後みたい。
このとき、収益はどのように
計上すればよいのでしょうか。

いいけど遅れるなら
多めに支払ってね。

支払いが遅くなっ
てもいいかな？

| 例 | 次の資料にもとづき、①商品の販売時、②当期末の利息の調整（利息法）にかかる仕訳をしなさい。 |

[資　料]

　当期首に、ゴエモン㈱は、シロミ㈱へ商品を現金販売価格10,000円に、年利2％、期間2年の金利相当額を加算した10,404円で販売し、代金は約束手形を受け取った。この契約には、重要な金融要素が含まれている。

第8章で学習する割賦販売が契約による重要な金融要素を含む代表的な取引です。

利息は区別して把握します。

契約による重要な金融要素とは

　商品などを販売したさいの代金の回収が長期間にわたる場合、販売価格に利息が含まれることがあります。このような利息のうち重要な部分を**契約による重要な金融要素**といいます。

　顧客との契約に重要な金融要素が含まれている場合には、取引価格（売上）は**現金販売価格**で計上し、金利部分は各期に**受取利息（収益）**として配分します。

CASE19の仕訳　①商品の販売時

（受　取　手　形）　10,000　（売　　　　　上）　10,000

現金販売価格

契約による重要な金融要素の利息の調整

　利息を各期に配分する方法において、**利息法**とは、帳簿価額に利子率を掛けた金額を各期の利息配分額として計上する方法をいいます。

　当期末の利息調整は、利息配分額を**対価の金額（受取手形など）**に**加算**するとともに、相手科目は**受取利息（収益）**で処理します。

CASE19の仕訳　②当期末の利息の調整

（受　取　手　形）　200　（受　取　利　息）　200

10,000円×2％＝200円

　なお、翌期末における利息の配分と手形代金の受取りの仕訳は次のようになります。

翌期末の仕訳　（10,000円＋200円）×2％＝204円

（受　取　手　形）　　204　（受　取　利　息）　　204
（現　金　な　ど）　10,404　（受　取　手　形）　10,404

10,000円＋200円＋204円＝10,404円

⇔ 問題編 ⇔
問題15

代理人の取引

ゴエモン㈱は、クロキチ㈱に販売スペースを貸して代わりに商品販売しています。

このように、代理人として販売を代行しているだけの場合、どのように収益を計上すればよいのだろう。

取引 ゴエモン㈱は、クロキチ㈱より商品の販売を請け負っており、店舗に陳列し、販売を行っている。また、ゴエモン㈱は、店舗への商品納品時には検収を行わず、店舗にある商品の所有権はクロキチ㈱が保有しているため、この契約におけるゴエモン㈱の立場は代理人であると判断した。ゴエモン㈱は、シロミ㈱に商品を100円（掛けによる仕入値は70円）で販売し、代金を現金で受け取った。なお、商品売買の会計処理は売上原価対立法による。

代理人の取引

> 売上と売上原価という形（総額）ではなく利益部分（純額）を収益として計上します。

　企業（ゴエモン㈱）が代理人に該当するときには、他の当事者（シロミ㈱）に提供されるように手配することと引換えに得ることができる報酬や手数料の金額（シロミ㈱から受け取る対価の金額とクロキチ㈱に支払う額の差額）で収益を計上します。

| （現　　　　金） | 100 | （買　掛　金） | 70 |
| | | （受取手数料） | 30 |

純額
100円 － 70円＝30円

⇔ 問題編 ⇔
問題16

CASE 21 収益認識に関する会計基準

商品を仕入れたときの消費税の処理

税込110円

仕入

まいど〜。

税込価額110円の商品を仕入れたときの消費税の処理についてみてみましょう。

取引 次の取引を税抜方式で処理しなさい。

ゴエモン㈱はクロキチ㈱より商品110円（税込価額）を仕入れ、代金は掛けとした。なお、消費税率は10%である。

商品を仕入れたときの消費税の処理

商品を仕入れたとき、**税抜方式**で処理している場合は消費税額を**仮払消費税（資産）**で処理します。

CASE21の仕訳

（仕 入）	100	（買 掛 金）	110
（仮払消費税）	10		

$$110円 \times \frac{10\%}{100\% + 10\%} = 10円$$

実務では、軽減税率の適用によって、税率が10%の取引と8%の取引がありますが、本試験では問題文の指示にしたがって税率を判断してください。なお、本書では10%で解説します。

商品を売り上げたときの消費税の処理

税込価額330円の商品を売り上げたときの消費税の処理についてみてみましょう。

取引 次の取引を税抜方式で処理しなさい。
ゴエモン㈱はシロミ㈱に商品330円（税込価額）を売り上げ、代金は掛けとした。なお、消費税率は10%である。

●商品を売り上げたときの消費税の処理

商品を売り上げたとき、**税抜方式**で処理している場合は消費税額を**仮受消費税（負債）**で処理します。

CASE22の仕訳

（売　掛　金）	330	（売　　　　上）	300
		（仮受消費税）	30

$$330円 \times \frac{10\%}{100\% + 10\%} = 30円$$

> 第三者のために回収する金額（消費税額）は売上には含めません。

決算時の消費税の処理

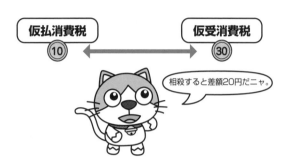

仮払消費税 10 ⟷ 仮受消費税 30

相殺すると差額20円だニャ。

? 預かっている（仮受けしている）消費税が30円、支払った（仮払いしている）消費税が10円のときの、決算時の消費税の処理についてみてみましょう。

取引 次の取引を税抜方式で処理しなさい。
決算において、仮受けしている消費税が30円、仮払いしている消費税が10円ある。

● 決算時の消費税の処理

支払った消費税の ほうが多かったら 還付（税金が戻る こと）されます。

会社は支払った消費税（仮払消費税）と預かっている消費税（仮受消費税）の差額を税務署に納付します。

仕訳をうめていっ て、貸借どちらに 差額が生じるかで 判断しましょう。

そこで、決算において**仮払消費税（資産）**と**仮受消費税（負債）**を相殺します（税抜方式の場合）。なお、貸借差額は**未払消費税（負債）**または**未収消費税（資産）**として処理します。

CASE23の仕訳

（仮 受 消 費 税）	30	（仮 払 消 費 税）	10
		（未 払 消 費 税）	20

消費税を納付したときの処理

消費税を納付したときは、**未払消費税（負債）**の減少として処理します。

したがって、CASE23の未払消費税を現金で納付したときの仕訳は次のようになります。

（未 払 消 費 税）　　20　（現　　　　　金）　　20

⇔ 問題編 ⇔
問題17

収益認識に関する会計基準

発行商品券

＊商品券＊

商品券を発行するニャ。

ゴエモン㈱は、シロミ㈱に商品券を発行しました。
商品券を発行した場合、どんな処理をするのでしょう？

取引 次の一連の取引について仕訳しなさい。

①×1年7月1日：ゴエモン㈱は、シロミ㈱に商品券100円を販売し現金を受け取った。なお、商品券の非行使部分を過去の実績等から20円と見積った。

②×1年10月1日：40円の商品を販売し同額の商品券を受け取った。

③×2年3月31日：決算日を迎えた。ゴエモン㈱は、将来企業が権利を得ると見込まれる非行使部分20円について、顧客による権利行使のパターンと比例的に収益を認識する。

商品券を受け取ったときの処理は2級までで学習済みですね。

商品券を発行したときの処理…①

商品券とは、券面に記載された一定金額の商品を提供してもらうことのできる証券のことです。

商品券を発行したときは、まだ商品などの引渡しは行われていないため、**発行商品券（負債）**として処理します。

CASE24の仕訳　①商品券の発行時

| （現 金） | 100 | （発 行 商 品 券） | 100 |

●商品を引き渡したときの処理…②

商品を売り上げ、代金として発行した商品券を受け取ったときには、**発行商品券（負債）**の減少で処理します。

CASE24の仕訳　②商品の引渡時

（発 行 商 品 券）　　40　（売　　　　　　上）　　40

●非行使部分の処理…③

発行商品券には、顧客が使用しないと見込まれる**非行使部分**が生じます。この商品券の非行使部分について将来企業が権利を得ると見込む場合は、収益を認識します。

なお、比例的に収益を認識する金額は、非行使部分の金額に権利行使割合を掛けて求めます。

> 気が付いたら商品券の使用期限が切れていたということもありますよね。

$$収益の額　=　非行使部分の金額　\times　\frac{権利行使額}{権利行使見込額}$$

権利行使割合

CASE24の仕訳　③非行使部分の処理

（発 行 商 品 券）　　10　（雑　　収　　入）　　10

$$20円 \times \frac{40円}{100円 - 20円} = 10円$$

> 非行使部分の収益は、雑収入で処理します。

⊖ 問題編 ⊖
問題18

役務収益と役務原価①

役務収益と役務原価（サービス業の処理）も簡単に復習しておきましょう。

商品売買業では、商品という形のあるモノを介して取引が行われますが、サービス業ではサービス（役務）という形のないモノを介して取引が行われます。

(1) 代金を前受けしたときの処理

サービスの提供に先立って、代金を前受けしたときには、前受金（負債）で処理します。

> **例1** 来月から開講する講座（受講期間1年）の受講料300円を現金で受け取った。

（現　　　　金）　300　（前　受　金）　300

(2) 費用を支払ったときの処理

なお、サービスにかかる費用（役務原価）の発生が役務収益の発生とほぼ同時であるときは、仕掛品（資産）を経由することなく、役務原価（費用）に計上することができます（💡 役務収益と役務原価③参照）。

まだ提供していないサービスにかかる費用（そのサービスに直接費やされたものであることが明らかである費用）については、仕掛品（資産）で処理します。

> **例2** 来月から開講予定の講座の教材作成費等100円（全額、当該講座のために直接費やされたものである）を現金で支払った。

（仕　掛　品）　100　（現　　　　金）　100

(3) 役務収益の計上

サービス業においては、サービスを提供したときに役務収益（収益）を計上します。

資格試験の受験指導サービスを行っている会社では、カリキュラムの進度に応じて収益を計上する場合と、受験指導サービスを提供したときに一括して収益を計上する場合があります。

⑷ カリキュラムの進度に応じて収益を計上する場合の処理
 ① 決算日の処理
　 カリキュラムの進度に応じて収益を計上する場合、決算時に、サービスの提供が終了した分について前受けしている金額を前受金（負債）から役務収益（収益）に振り替えます。
　 また、計上した収益に対応する分の費用を仕掛品（資産）から役務原価（費用）に振り替えます。

例3 決算日現在、講座の6割が終了している。なお、受講料300円はさきに受け取っており、前受金で処理している（例1）。また、講座にかかる費用100円は仕掛品勘定で処理している（例2）。

300円×60％＝180円

（前 受 金）　180　（役 務 収 益）　180

（役 務 原 価）　60　（仕 掛 品）　60

100円×60％＝60円

 ② 全カリキュラムが終了したときの処理
　 全カリキュラムが終了したときには、残りのサービス提供分について、役務収益（収益）および役務原価（費用）を計上します。

例4 本日、講座の全カリキュラムが終了した。

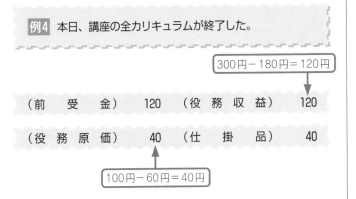

300円－180円＝120円

（前 受 金）　120　（役 務 収 益）　120

（役 務 原 価）　40　（仕 掛 品）　40

100円－60円＝40円

(5) 受験指導サービスを提供したときに一括して収益を計上する
　場合の処理
　① 決算日の処理
　　受験指導サービスを提供したときに一括して収益を計上する
　場合では、決算時にはなんの処理もしません。

> 例5 決算日現在、受講料300円はさきに受け取っており、
> 前受金で処理している。また、模擬試験にかかる費用
> 100円は仕掛品勘定で処理している。

仕　訳　な　し

　② 受験指導サービスを提供したときの仕訳
　　受験指導サービスを提供したときに一括して、前受金（負
　債）から役務収益（収益）に振り替えるとともに、仕掛品（資
　産）から役務原価（費用）に振り替えます。

> 例6 本日、模擬試験を実施し、サービスを提供した。

（前　　受　　金）　　300　　（役　務　収　益）　　300

（役　務　原　価）　　100　　（仕　　掛　　品）　　100

役務収益と役務原価②

　役務収益と役務原価①では、教材作成費等について、「全額、
当該講座のために直接費やされたものである」ため、費用の支払
時に仕掛品（資産）で処理していますが、費用の支払時にいった
ん費用の勘定科目で処理し、そのうち当該サービスに直接費やさ
れた分を仕掛品（資産）に振り替える場合もあります。

| 例1 | 講師の給料100円を現金で支払った。 |

| （給　　　料） | 100 | （現　　　金） | 100 |

| 例2 | 例1 の給料のうち80円が来月から開講予定の講座のために直接費やされたものであることが明らかとなったので、これを仕掛品勘定に振り替える。 |

| （仕　掛　品） | 80 | （給　　　料） | 80 |

役務収益と役務原価③

　役務原価（サービスにかかる費用）の発生が、役務収益の発生とほぼ同時である場合には、仕掛品（資産）を経由することなく、役務原価（費用）に計上することができます。

| 例1 | 旅行業を営むABCトラベル㈱が企画したパッケージツアーについて、顧客からの申し込みがあり、旅行代金800円を現金で受け取った。 |

| （現　　　金） | 800 | （前　受　金） | 800 |

| 例2 | ABCトラベル㈱は、例1 のツアーを催行した。なお、移動のための交通費など500円を現金で支払った。 |

| （前　受　金） | 800 | （役　務　収　益） | 800 |
| （役　務　原　価） | 500 | （現　　　金） | 500 |

> 役務原価の発生が役務収益の発生と同時なので、費用発生額をそのまま役務原価（費用）として計上します。

⇔ 問題編 ⇔
問題19

収益認識の手順（5つのステップ）

CASE15

Step 1 顧客との契約を識別

Step 2 契約における履行義務を識別

Step 3 取引価格を算定

Step 4 契約における履行義務に取引価格を配分

Step 5 履行義務を充足したときに、または充足するにつれて収益を認識

売上割戻のまとめ

CASE16

●売上割戻の見積額を売上（収益）から差し引いて、後々お金を返す義務である返金負債（負債）として処理

| （売　掛　金） | 500 | （売　　　　上） | 450 |
| | | （返　金　負　債） | 50 |

返品権付きの販売のまとめ 《一連の流れ》

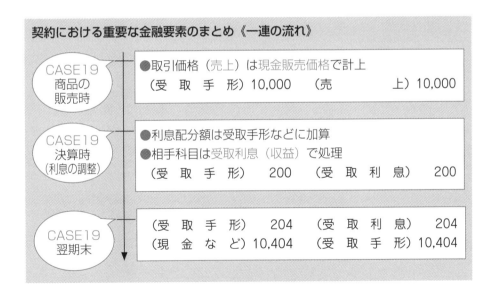

CASE17 商品の販売時

●返品されると見込まれる部分
　→売上（収益）には含めないで返金負債（負債）で処理
●返品されると見込まれる商品の原価
　→返品資産（資産）として処理

（売　掛　金）	100	（売　　　　上）	80
		（返　金　負　債）	20
（売　上　原　価）	64	（商　　　　品）	80
（返　品　資　産）	16		

CASE18 商品の返品時

| （返　金　負　債） | 20 | （現　　　　金） | 20 |
| （商　　　　品） | 16 | （返　品　資　産） | 16 |

契約における重要な金融要素のまとめ 《一連の流れ》

CASE19 商品の販売時

●取引価格（売上）は現金販売価格で計上

| （受　取　手　形） | 10,000 | （売　　　　上） | 10,000 |

CASE19 決算時（利息の調整）

●利息配分額は受取手形などに加算
●相手科目は受取利息（収益）で処理

| （受　取　手　形） | 200 | （受　取　利　息） | 200 |

CASE19 翌期末

| （受　取　手　形） | 204 | （受　取　利　息） | 204 |
| （現　金　な　ど） | 10,404 | （受　取　手　形） | 10,404 |

代理人の取引のまとめ《一連の流れ》

CASE20

●収益は純額で計上

(現　　　　　金)	100	(買　掛　金)	70
		(受取手数料)	30

純額

消費税（税抜方式）のまとめ《一連の流れ》

CASE21 仕入時

●支払った消費税額は仮払消費税（資産）で処理

(仕　　　　　入)	100	(買　掛　金)	110
(仮払消費税)	10		

CASE22 売上時

●受け取った消費税額は仮受消費税（負債）で処理

(売　掛　金)	330	(売　　　　　上)	300
		(仮受消費税)	30

CASE23 決算時

●仮払消費税と仮受消費税を相殺し、差額は未払消費税（負債）または未収消費税（資産）で処理

(仮受消費税)	30	(仮払消費税)	10
		(未払消費税)	20

CASE23 納付時

●未払消費税（負債）の減少として処理

(未払消費税)	20	(現　　　　　金)	20

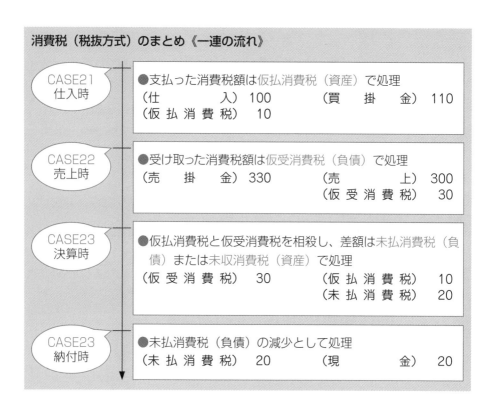

発行商品券のまとめ

CASE24
商品券の
発行時

● 発行商品券（負債）として処理

（現　　　　金）　100　（発 行 商 品 券）　100

CASE24
商品の
引渡時

● 発行商品券（負債）を取り崩す処理

（発 行 商 品 券）　40　（売　　　　　上）　40

CASE24
非行使部分
の処理

● 商品券の非行使部分について将来企業が権利を得ると見込む場合は、収益を認識

（発 行 商 品 券）　10　（雑　収　入）　10

第6章

委託販売

自社の商品をニャンタ㈱（他社）に販売してもらうことにした。
こんなとき、どんな処理をするんだろう？
また、損益計算書はどんなふうに作成するんだろう？

ここでは、委託販売の処理と、1級の商業簿記で出題される
損益計算書作成問題の解き方をみてみましょう。

CASE 25　委託販売

積送品を発送したときの処理

ゴエモン㈱では、ニャンタ㈱に販売代理店になってもらい、ゴエモン㈱の商品の一部を販売してもらうことにしました。
そこで、販売してもらう商品100円をニャンタ㈱に発送しました。

取引　ゴエモン㈱は委託販売のため、商品（仕入原価100円）をニャンタ㈱に発送し、発送運賃10円を現金で支払った。

> 委託販売は委託者側（ゴエモン㈱）からみた取引ですね。

● 委託販売とは

　自社の商品の販売を他社（代理店など）にお願いする販売形態を**委託販売**といい、商品の販売を委託した人（ゴエモン㈱）を**委託者**、委託された人（ニャンタ㈱）を**受託者**といいます。

> 積送した商品を「積送品」として処理することによって、通常の商品（仕入）と区分するので、「手許商品区分法」といいます。

● 委託販売の処理方法

　委託販売の処理方法には、**対照勘定法**（2つの対照的な勘定を用いて処理する方法）と**手許商品区分法**（発送した商品の原価を仕入勘定から積送品勘定に振り替える方法）の2つの方法がありますが、対照勘定法は重要性が低いので、このテキストでは手許商品区分法を前提として説明します。

● 積送品の発送時の処理

　販売を委託した商品（**積送品**）を発送（積送）したときは、**仕入勘定**から**積送品勘定**に振り替えます。

手許から商品がなくなるので、仕入（費用）を減少させ、積送中の商品が増えるので、積送品（資産）の増加として処理します。

（積　送　品）　100　（仕　　　　入）　100

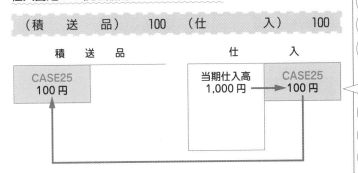

当期仕入高を1,000円とした場合の積送品勘定と仕入勘定はこのようになります。

　また、発送費用など積送時に発生する費用（**発送諸掛**）は、**積送品原価に含めて処理**するか、**積送諸掛（販売費）**として処理します。

CASE25の仕訳

(1)　発送諸掛を積送品原価に含める方法

（積　送　品）　110　（仕　　　　入）　100
　　　　　　　　　　　（現　　　　金）　 10

発送諸掛を含めます。

(2)　発送諸掛を積送諸掛（費用）で処理する方法

（積　送　品）　100　（仕　　　　入）　100
（積　送　諸　掛）　 10　（現　　　　金）　 10

積送諸掛（費用）で処理します。

受託者が積送品を販売したときの処理

今日、ニャンタ㈱から商品を販売したと報告を受けました。このときはどのような処理をするのでしょうか?

取引 委託販売の受託者であるニャンタ㈱から次の報告を受けた。ゴエモン㈱では受託者が販売した日に収益を計上している。なお、積送品原価（60円）は販売のつど仕入勘定に振り替える。

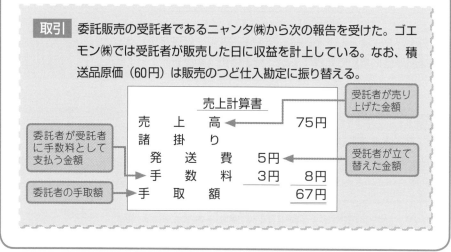

売上計算書		
売　上　高		75円
諸　掛　り		
発　送　費	5円	
手　数　料	3円	8円
手　取　額		67円

- 受託者が売り上げた金額
- 委託者が受託者に手数料として支払う金額
- 受託者が立て替えた金額
- 委託者の手取額

会計学

●販売基準

　委託販売の場合、**受託者（ニャンタ㈱）がお客さんに商品を販売したとき**に売上（収益）を計上します。

委託販売の収益認識

●受託者が販売したとき（販売基準）

受託者販売時の処理

受託者が積送品を販売したときは、**積送品売上（収益）**を計上します。

また、受託者（ニャンタ㈱）が立て替えた発送費や受託者に支払う販売手数料など、販売時に発生する費用（**販売諸掛**）については、**積送品売上（収益）から控除**するか、**積送諸掛（販売費）**で処理します。

⑴　販売諸掛を積送品売上から控除する方法

（売　掛　金）　　　67　（積 送 品 売 上）　　　67

75円 － 8円 ＝ 67円
受託者の販売価額　販売諸掛

(2) **販売諸掛を積送諸掛で処理する方法**

積送諸掛（販売費）
で処理します。

| （積　送　諸　掛） | 8 | （積送品売上） | 75 |
| （売　　掛　　金） | 67 | | |

貸借差額

受託者の販売価額
（総額）

発送諸掛と販売諸掛の処理

●発送諸掛（積送品の発送時にかかる費用）
…｛積送品原価に含める
　積送諸掛（販売費）で処理
●販売諸掛（積送品の販売時にかかる費用）
…｛積送品売上（収益）から控除
　積送諸掛（販売費）で処理

●その都度法と期末一括法

　積送品の販売によって積送中の商品がなくなります。

　また、販売した商品の原価は**売上原価（費用）**となるので、積送品を販売したときは、積送品の原価を積送品勘定（資産）から仕入勘定（費用）に振り替えます。

販売した分の原価を仕入勘定に振り替えることによって、最終的に売上原価となります。

| （仕　　　　　入） | 60 | （積　送　品） | 60 |

　積送品原価の仕入勘定への振り替えは、積送品の販売のつど行う場合（**その都度法**）と、期末に一括して行う場合（**期末一括法**）があります。

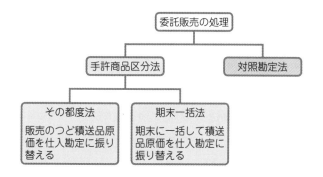

CASE26はその都度法なので、積送品の販売時の仕訳は次のようになります。

CASE26の仕訳（その都度法）

⑴ 販売諸掛を積送品売上から控除する方法

（売　掛　金）	67	（積送品売上）	67
（仕　　　入）	60	（積　送　品）	60

⑵ 販売諸掛を「積送諸掛」で処理する方法

（積　送　諸　掛）	8	（積送品売上）	75
（売　掛　金）	67		
（仕　　　入）	60	（積　送　品）	60

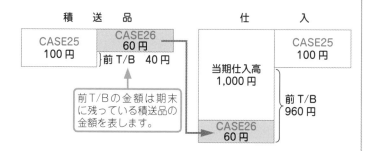

また、CASE26を期末一括法で処理すると次のようになります。

(1) 販売諸掛を積送品売上から控除する方法

（売　掛　金）　　67　　（積送品売上）　　67

(2) 販売諸掛を「積送諸掛」で処理する方法

積送品の売上原価を仕入勘定に振り替える仕訳は決算時に行います。

（積　送　諸　掛）　　8　　（積送品売上）　　75
（売　掛　金）　　67

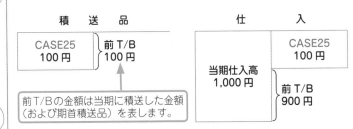

前T/Bの金額は当期に積送した金額（および期首積送品）を表します。

1級の問題を解く際には、ひとつひとつの仕訳よりも前T/Bの金額が何を表しているかを読み取ることが重要です。

　上記のボックス図からもわかるように、その都度法と期末一括法では決算整理前の積送品と仕入の金額が異なりますので、問題を解く際には、どちらの方法によって処理しているかをしっかり確認してください。

⇔ 問題編 ⇔
問題20、21

決算時の積送諸掛の処理

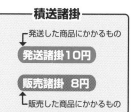

積送諸掛
└ 発送した商品にかかるもの
発送諸掛 10円
販売諸掛 8円
└ 販売した商品にかかるもの

フーム

今日は決算日。ゴエモン㈱では、発送諸掛と販売諸掛を積送諸掛（費用）として処理しています。
この場合、決算で未販売分の積送品の積送諸掛を次期分にするようですが、その処理はどうするのでしょうか？

取引 ゴエモン㈱では、発送諸掛と販売諸掛を積送諸掛として処理している。次の資料にもとづき、決算時の積送諸掛に関する処理をしなさい。なお、ゴエモン㈱では、積送品原価を販売のつど仕入勘定に振り替えている。

[資 料]

①当期に委託販売のため商品100円（原価）をニャンタ㈱に発送し、発送運賃10円を現金で支払った。

（積 送 品）	100	（仕 入）	100
（積 送 諸 掛）	10	（現 金）	10

②ニャンタ㈱が積送品のうち60円（原価）を75円で販売したので、ゴエモン㈱は、発送費（5円）と販売手数料（3円）の合計8円を差し引いた残額を売掛金として処理した。なお、発送費（5円）と販売手数料（3円）はいずれも当期に販売した積送品にかかるものである。

（積 送 諸 掛）	8	（積 送 品 売 上）	75
（売 掛 金）	67		
（仕 入）	60	（積 送 品）	60

③期末積送品原価は40円である。

決算時の積送諸掛の処理

　発送諸掛や販売諸掛を積送諸掛（費用）で処理している場合は、決算において未販売の積送品にかかる積送諸掛を次期の費用にするための処理をします。

　CASE27の期末における積送諸掛は18円（10円＋8円）です。

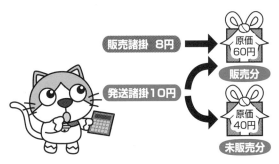

　このうち、発送諸掛（10円）は積送した商品全体（原価100円）にかかるものなので、10円のうち未販売の積送品（原価40円）にかかる金額を**繰延積送諸掛勘定**に振り替えます。

　一方、販売諸掛8円は販売した積送品にかかるものなので（未販売の積送品分はないので）、次期の費用にするための処理は必要ありません。

倉庫費用など販売分と未販売分の両方にかかる販売諸掛があるときは、販売諸掛のうち未販売分にかかる金額を次期の費用にするための処理をします。

繰延積送諸掛

$$10円 \times \frac{40円}{100円} = 4円$$

CASE27の仕訳

（繰　延　積　送　諸　掛）　　　4　　（積　送　諸　掛）　　　　4

未販売分の積送諸掛（販売費）を減らします。

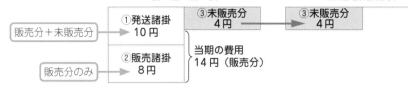

積　送　諸　掛		繰　延　積　送　諸　掛
①発送諸掛 10円	③未販売分 4円	③未販売分 4円
②販売諸掛 8円	当期の費用 14円（販売分）	

販売分＋未販売分 → ①発送諸掛 10円

販売分のみ → ②販売諸掛 8円

　なお、CASE27（発送諸掛と販売諸掛を積送諸掛で処理している場合）の期末積送品原価、繰延積送諸掛、売上原価、積送諸掛の金額は次のようになります。

発送諸掛を積送諸掛で処理している場合の期末積送品原価等

(1)　期末積送品原価：40円
(2)　繰延積送諸掛（B/S）：4円
(3)　売上原価（P/L）：60円 ⎫
(4)　積送諸掛（P/L）：14円 ⎭ 当期の費用は74円

積　送　品		仕　　　入	
①発送時 100円	②販売時 60円	②販売時 60円	売上原価 60円
	期末積送品原価 40円		

　また、仮にCASE27で発送諸掛10円を積送品原価に含めて処理している（販売諸掛8円は積送諸掛で処理している）とした場合、発送諸掛を次期の費用にするための処理はしません。

　したがって、この場合の期末積送品原価、繰延積送諸掛、売上原価、積送諸掛の金額は次のようになります。

> 未販売分の発送諸掛が、期末積送品原価に自動的に含まれるからです。

販売分の発送諸掛6円が含まれています。

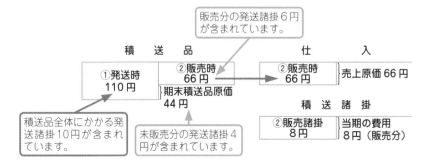

積　送　品		仕　　　入	
①発送時 110円	②販売時 66円	②販売時 66円	売上原価 66円
	期末積送品原価 44円		

積　送　諸　掛	
②販売諸掛 8円	当期の費用 8円（販売分）

積送品全体にかかる発送諸掛10円が含まれています。

未販売分の発送諸掛4円が含まれています。

発送諸掛を積送品原価に含めている場合の期末積送品原価等

(1) 期末積送品原価：44円

(2) 繰延積送諸掛（B/S）：0円

(3) 売上原価（P/L）：66円 ⎫
　　　　　　　　　　　　　　　 ⎬ 当期の費用は74円
(4) 積送諸掛（P/L）： 8円 ⎭

委託販売の問題の解き方①
その都度法

解き方を
マスターしよう！

日商１級の試験で出題される委託販売の問題の解き方をみてみましょう。

まずはその都度法（積送諸掛がない場合）です。

問題 次の資料により、損益計算書（一部）を完成させなさい。

［資料１］決算整理前残高試算表（一部）

決算整理前残高試算表 （単位：円）

繰 越 商 品	2,500	一 般 売 上	37,500
積 送 品	800	積 送 品 売 上	15,000
仕 入	42,100		

［資料２］決算整理事項等

(1) 期末手許商品は5,000円である。

(2) 期首積送品原価は400円、委託販売の原価率は60％である。

(3) 委託販売にかかる売上原価は積送品の販売のつど仕入勘定に振り替えている。

損 益 計 算 書 　　　（単位：円）

Ⅰ 売 上 高
 1．一 般 売 上 高 　（　　　　　　）
 2．積 送 品 売 上 高 　（　　　　　　）　（　　　　　　　）
Ⅱ 売 上 原 価
 1．期首商品棚卸高 　（　　　　　　）
 2．当期商品仕入高 　（　　　　　　）
 　　　合　　計 　　（　　　　　　）
 3．期末商品棚卸高 　（　　　　　　）　（　　　　　　　）
 　　売 上 総 利 益 　　　　　　　　　（　　　　　　　）

Step 1 問題文の確認

CASE28の委託販売は**その都度法**で処理しています。したがって、前T/Bの積送品800円は期末積送品を表しており、前T/Bの仕入42,100円には当期に販売した積送品の売上原価が含まれていることがわかります。

> その都度法の場合、
> 期末積送品を表します。

決算整理前残高試算表　　（単位：円）

繰 越 商 品	2,500	一 般 売 上	37,500
積 送 品	800	積 送 品 売 上	15,000
仕 入	42,100		

> その都度法の場合、当期に販売した
> 積送品の売上原価が含まれています。

Step 2 ボックス図を作成する

> ボックス図の内側には原価を、外側には売価（売上高）を記入します。

次に、「仕入」、「手許商品（一般商品）」、「積送品」のボックスを作成して、資料の金額を記入していきます。

(1) 仕入ボックス

手許商品区分法を採用している場合、積送時に積送品原価が仕入勘定から積送品勘定に振り替えられます。

さらにその都度法の場合には、積送品の販売時に積送品の売上原価が積送品勘定から仕入勘定に振り替えられます。

そのため、前T/Bの仕入の金額は当期商品仕入高を表していません。

> 資料から判明することをボックス図に記入するとこのようになります。

そこで、仕入ボックス（仕入勘定）を作成して資料を整理します。

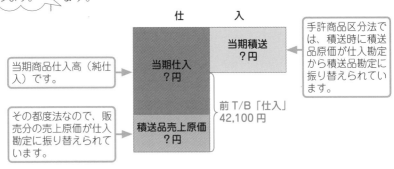

> 当期商品仕入高（純仕入）です。

> その都度法なので、販売分の売上原価が仕入勘定に振り替えられています。

> 手許商品区分法では、積送時に積送品原価が仕入勘定から積送品勘定に振り替えられています。

(2) 手許商品ボックスと積送品ボックス

手許商品ボックスと積送品ボックスには商品（モノ）の流れを記入します。

たとえば、当期に仕入先から商品を仕入れたときは、手許商品が増えるので、当期仕入高は手許商品ボックスの借方に記入します。

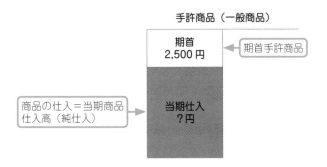

手許商品（一般商品）

期首
2,500 円 ← 期首手許商品

商品の仕入＝当期商品仕入高（純仕入）→ 当期仕入
?円

また、積送時には商品を発送するので、手許商品は減少し、積送品が増加します。そこで、当期積送高は手許商品ボックスの貸方と積送品ボックスの借方に記入します。

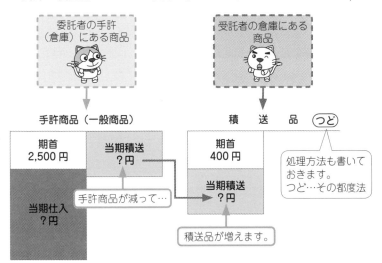

委託者の手許（倉庫）にある商品

受託者の倉庫にある商品

手許商品（一般商品）

期首
2,500 円

当期積送
?円

当期仕入
?円

手許商品が減って…

積　送　品　（つど）

期首
400 円

当期積送
?円

積送品が増えます。

処理方法も書いておきます。
つど…その都度法

委託者が自社の商品を自分で販売したとき、つまり通常の売上のときは、お客さんに商品を渡すので手許商品が減少します。

　したがって、当期一般売上は手許商品ボックスの貸方に記入します。ただし、商品ボックス（手許商品ボックス、積送品ボックス）は原価で記入するため、一般販売の売上原価をボックス内に記入し、一般売上高はボックス外に記入します。

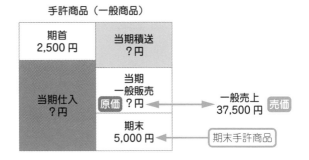

　受託者が積送品を販売したときは、積送品が減少します。したがって、積送品の当期販売は積送品ボックスの貸方に記入します。

　この場合も一般販売のときと同様に、ボックス内には積送品の原価を記入し、積送品売上高（売価）はボックス外に記入します。

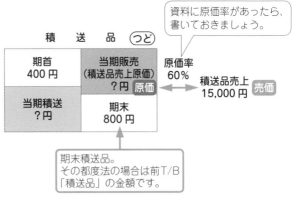

以上より、各ボックスの記入は次のようになります。

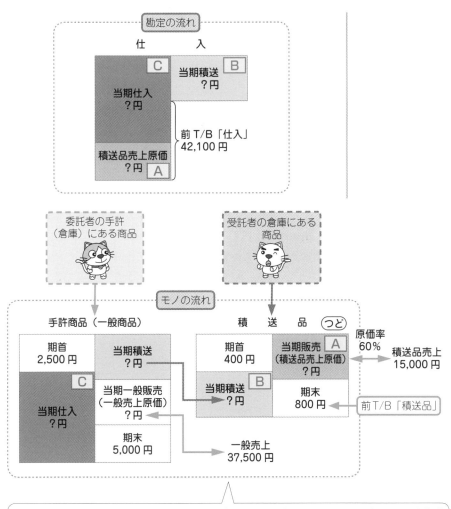

資料の与えられ方（金額や数値）は様々です。どのような資料でもこのようなボックス図を作成して、Step3でわかるところから、パズルを解くように金額を求めていきましょう。
※ A ～ C （同じ記号には同じ金額が入ります）はStep3の説明と対応しています。

Step 3 ボックス図の金額をうめる

前記のボックス図から不明な金額を計算していきます。

一般販売の原価率とは異なることがありますので注意してください。

(1) **積送品売上原価** A

　積送品売上15,000円に委託販売の原価率60%を掛けて積送品売上原価を計算します。

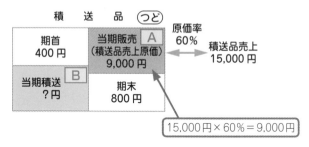

(2) **当期積送高** B

　積送品ボックスの貸借差額で当期積送高を計算します。

この金額が損益計算書の当期商品仕入高です。前T/Bの「仕入」の金額ではないので注意しましょう。

(3) **当期仕入高** C

　仕入ボックスの貸借差額で当期仕入高を計算します。

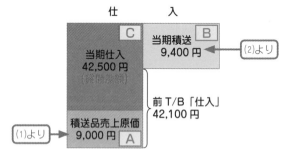

Step 4 損益計算書に金額を記入する

以上のボックス図から損益計算書に金額を記入すると次のとおりです。

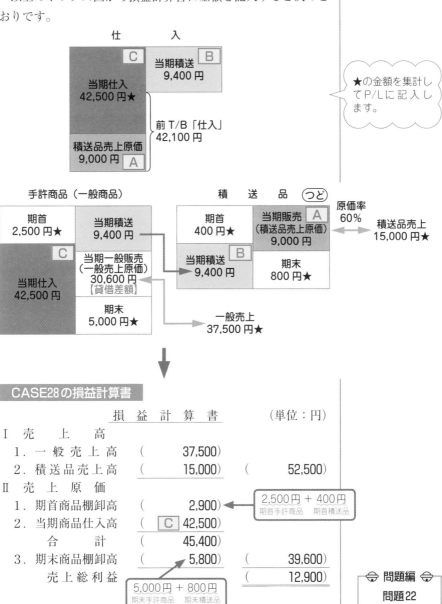

★の金額を集計してP/Lに記入します。

CASE28の損益計算書

損 益 計 算 書　　　　（単位：円）

Ⅰ　売　上　高
1．一 般 売 上 高　　（　　　37,500）
2．積 送 品 売 上 高　　（　　　15,000）　　（　　　52,500）
Ⅱ　売　上　原　価
1．期首商品棚卸高　　（　　　2,900）　← 2,500円 ＋ 400円
　　　　　　　　　　　　　　　　　　　 期首手許商品　期首積送品
2．当期商品仕入高　　（ C 42,500）
　　　合　　　計　　（　　　45,400）
3．期末商品棚卸高　　（　　　5,800）　　（　　　39,600）
　　　売 上 総 利 益　　　　　　　　　　（　　　12,900）

5,000円 ＋ 800円
期末手許商品　期末積送品

⇔ 問題編 ⇔
問題22

委託販売

委託販売の問題の解き方②
期末一括法

次は期末一括法！

次に、期末一括（積送諸掛がない場合）の問題の解き方をみてみましょう。CASE28とどこが違うのかをしっかり確認してくださいね。

問題 次の資料により、損益計算書（一部）を完成させなさい。

［資料1］決算整理前残高試算表（一部）

決算整理前残高試算表　　（単位：円）

繰 越 商 品	2,500	一 般 売 上	37,500
積 送 品	9,800	積 送 品 売 上	15,000
仕 入	33,100		

［資料2］決算整理事項等

(1) 期末手許商品は5,000円である。

(2) 期首積送品原価は400円、委託販売の原価率は60%である。

(3) 委託販売にかかる売上原価は期末一括法で処理している。

損 益 計 算 書　　　（単位：円）

Ⅰ 売 上 高
　1．一般売上高 　（　　　　　　　）
　2．積送品売上高 （　　　　　　　）　（　　　　　　　　）
Ⅱ 売 上 原 価
　1．期首商品棚卸高 （　　　　　　　）
　2．当期商品仕入高 （　　　　　　　）
　　　合　　　計 　（　　　　　　　）
　3．期末商品棚卸高 （　　　　　　　）　（　　　　　　　　）
　　　売 上 総 利 益 　　　　　　　　　（　　　　　　　　）

問題文の確認

CASE29の委託販売は**期末一括法**で処理しています。したがって、前T/Bの積送品9,800円は期首積送品と当期積送高の合計金額であり、前T/Bの仕入33,100円には当期に販売した積送品の売上原価は含まれていません。

> 期末一括法の場合、期首積送品＋当期積送高を表します。

決算整理前残高試算表　　（単位：円）

繰 越 商 品	2,500	一 般 売 上	37,500
積 送 品	9,800	積 送 品 売 上	15,000
仕 入	33,100		

> 期末一括法の場合、売上原価の振り替えは期末に行うので、前T/Bの金額には当期に販売した積送品の売上原価は含まれていません。

Step 2 ボックス図を作成する

次に、商品の流れに注目して「手許商品（一般商品）」と「積送品」のボックス、そして「仕入」のボックスを作成して、資料の金額を記入していきます。

> CASE28のボックス図と比べてみましょう。

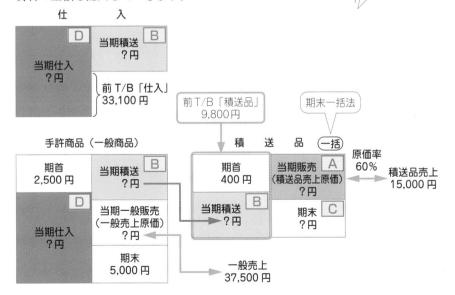

Step 3 ボックス図の金額をうめる

前記のボックス図から不明な金額を計算していきます（ A
～ D の順に計算します）。

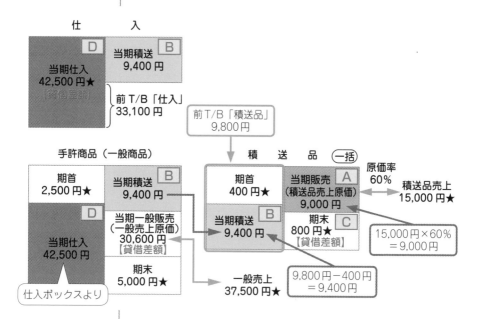

Step 4 損益計算書に金額を記入する

以上のボックス図から損益計算書に金額を記入すると次のと
おりです。

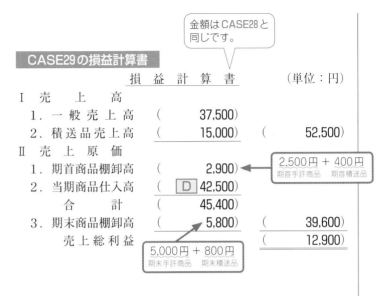

CASE29の損益計算書

損　益　計　算　書　　　　（単位：円）

Ⅰ　売　上　高
　　1．一　般　売　上　高　　（　　　　37,500)
　　2．積　送　品　売　上　高　（　　　　15,000)　（　　　52,500)
Ⅱ　売　上　原　価
　　1．期首商品棚卸高　　　（　　　　2,900)　← 2,500円 + 400円
　　　　　　　　　　　　　　　　　　　　　　期首手許商品　期首積送品
　　2．当期商品仕入高　　　（　D　42,500)
　　　　　合　　　　計　　　（　　　　45,400)
　　3．期末商品棚卸高　　　（　　　　5,800)　（　　　39,600)
　　　　売上総利益　　　　　　　　　　　　　　（　　　12,900)

5,000円 + 800円
期末手許商品　期末積送品

⇔ 問題編 ⇔
問題23、24

委託販売の問題の解き方③
積送諸掛がある問題

積送諸掛が
ある場合は…？

つづいて、積送諸掛がある場合の問題の解き方をみてみましょう。CASE29とどこが違うのかをしっかり確認してくださいね。

問題 次の資料により、損益計算書（一部）と貸借対照表（一部）を完成させなさい。

［資料1］決算整理前残高試算表（一部）

決算整理前残高試算表　　（単位：円）

繰 越 商 品	2,500	一 般 売 上	37,500
積 送 品	9,800	積 送 品 売 上	15,000
仕 入	33,100		
積 送 諸 掛	296		

［資料2］決算整理事項等

(1) 期末手許商品は5,000円である。

(2) 期首積送品原価は400円、委託販売の原価率は60%である。

(3) 発送諸掛は積送諸掛勘定で処理しており、未販売の積送品に対応する分を期末に繰延積送諸掛勘定に振り替え、翌期首に再振替仕訳をしている。なお、当期の発送諸掛は188円であり、積送品に均等配分する。

(4) 積送品売上高は総額で計上しており、販売諸掛100円（すべて当期に販売した商品にかかるものである）は積送諸掛勘定で処理している。

(5) 委託販売にかかる売上原価は期末一括法で処理している。

損　益　計　算　書　　　　（単位：円）

Ⅰ　売　上　高
　　1．一　般　売　上　高　　（　　　　　）
　　2．積　送　品　売　上　高　（　　　　　）　　（　　　　　）
Ⅱ　売　上　原　価
　　1．期首商品棚卸高　　（　　　　　）
　　2．当期商品仕入高　　（　　　　　）
　　　　　合　　　計　　　　（　　　　　）
　　3．期末商品棚卸高　　（　　　　　）　　（　　　　　）
　　　　　売　上　総　利　益　　　　　　　　　　（　　　　　）
Ⅲ　販売費及び一般管理費
　　1．積　送　諸　掛　　　　　　　　　　　（　　　　　）
　　　　　　　⋮　　　　　　　　　　　　　　　　⋮

貸　借　対　照　表　　　　（単位：円）

商　　　　　品　（　　　　　）
繰　延　積　送　諸　掛　（　　　　　）

Step 1　問題文の確認

　CASE30の委託販売は**期末一括法**で処理しています。

　また、発送諸掛と販売諸掛を積送諸掛勘定で計上していますが、発送諸掛には当期未販売分も含まれているので、発送諸掛のうち期末未販売分を次期の費用にするための処理をします。

　なお、［資料2］(3)より、前期に生じた繰延積送諸掛は当期首に再振替仕訳をしています。

> ［資料2］(4)より、販売諸掛については販売分のみ計上されているため、次期の費用にするための処理は不要です。

前期末：（繰延積送諸掛）××　（積　送　諸　掛）××

当期首：（積　送　諸　掛）××　（繰延積送諸掛）××

　したがって、前T/Bの積送諸掛296円は前期からの発送諸掛、当期に発生した発送諸掛、当期に発生した販売諸掛の合計額であることがわかります。

決算整理前残高試算表　（単位：円）

積　送　諸　掛　　296

前期からの発送諸掛	?円（期首積送品に対応する発送諸掛）
＋当期に発生した発送諸掛	188円（当期積送高に対応する発送諸掛）
＋当期に発生した販売諸掛	100円

Step
2　ボックス図を作成する

　積送諸掛がある場合は、CASE29で作成した「仕入」、「手許
商品（一般商品）」、「積送品」、のほかに、「積送諸掛」のボッ
クス図も作成します。

A ～ D の金額は
CASE29と同じなの
で、説明を省略しま
す。

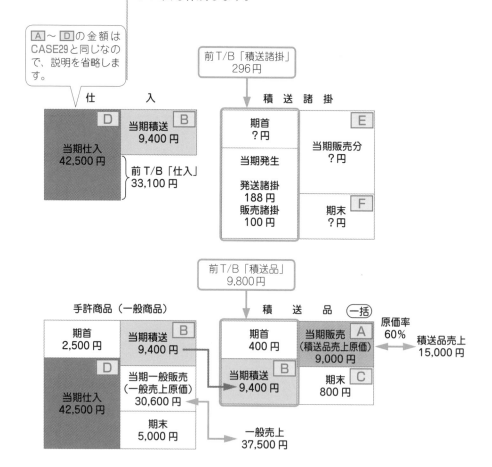

上記のボックス図から不明な金額を計算していきます。

資料に「発送諸掛は積送品に均等配分する」とあるので、前T/Bの金額（296円）のうち、発送諸掛を積送品売上原価と期末積送品原価にもとづいて当期販売分と期末未販売分に配分します。

> ここでは、積送諸掛ボックスの金額についてだけ説明します。

発 送 諸 掛：296円 － 100円 ＝ 196円
　　　　　　　　　　　　　販売諸掛

B/S「繰延積送諸掛」の金額

当 期 販 売 分：196円 × $\dfrac{9,000円}{9,000円 + 800円}$ ＝ 180円

期末未販売分：196円 × $\dfrac{800円}{9,000円 + 800円}$ ＝ 16円 F

Step 4 損益計算書と貸借対照表に金額を記入する

以上のボックス図から損益計算書と貸借対照表に金額を記入すると次のとおりです。

CASE30の損益計算書と貸借対照表

損 益 計 算 書　　　　　　（単位：円）

I 売 上 高
　1. 一 般 売 上 高　（　　　37,500)
　2. 積 送 品 売 上 高　（　　　15,000)　（　　　52,500)
II 売 上 原 価
　1. 期首商品棚卸高　（　　　2,900)
　2. 当期商品仕入高　（　　　42,500)
　　　合　　　計　（　　　45,400)
　3. 期末商品棚卸高　（　　　5,800)　（　　　39,600)
　　　売 上 総 利 益　　　　　　　　（　　　12,900)
III 販売費及び一般管理費
　1. 積 送 諸 掛　　　　　　　　　　（　E 280)

180円 ＋ 100円
発送諸掛　　販売諸掛

　　　　：　　　　　　　　　　　　　　　：

貸 借 対 照 表　　　　　　（単位：円）

商　　　品　（　　5,800)
繰延積送諸掛　（　F 16)

⇔ 問題編 ⇔
問題25

委託販売のまとめ《一連の流れ》

CASE25 積送時

(1) 発送諸掛を積送品原価に含める方法

（積　　送　　品）	110	（仕　　　　　入）	100
		（現　　　　　金）	10

(2) 発送諸掛を積送諸掛（費用）で処理する方法

（積　　送　　品）	100	（仕　　　　　入）	100
（積　　送　　諸　　掛）	10	（現　　　　　金）	10

CASE26 販売時

純額

(1) 販売諸掛を積送品売上から控除する方法（その都度法）

（現　金　な　ど）	67	（積 送 品 売 上）	67
（仕　　　　　入）	60	（積　　送　　品）	60

(2) 販売諸掛を積送諸掛（費用）で処理する方法
（その都度法）

総額

（積　　送　　諸　　掛）	8	（積 送 品 売 上）	75
（現　金　な　ど）	67		
（仕　　　　　入）	60	（積　　送　　品）	60

> 期末一括法の場合はこの仕訳は決算時に行います。

CASE27 決算時

●期末一括法の場合、決算時に積送品の売上原価を仕入勘定に振り替える

●積送諸掛（費用）のうち、期末未販売分に対応する部分の金額は繰延積送諸掛勘定に振り替える

（繰 延 積 送 諸 掛）	4	（積　　送　　諸　　掛）	4

委託販売の収益認識のまとめ

CASE26

●受託者が販売したとき（販売基準）

その都度法と期末一括法の違い

CASE28、29

(1) その都度法

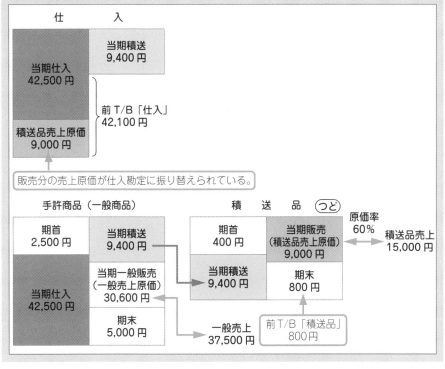

第6章　委託販売　117

(2) 期末一括法

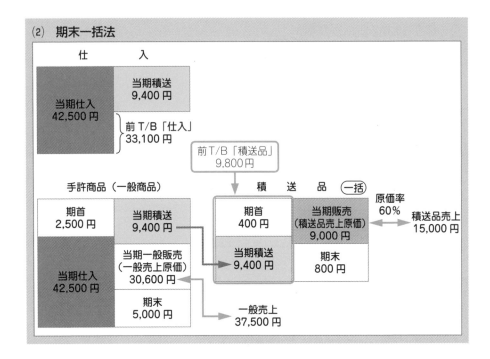

第7章

試用販売

「うちの商品は使ってもらえば良さがわかるんだけどな…」
そう思うから、まずは商品を使ってもらって、
そのあと買うかどうかを決めてもらうことにしている…。
こんなとき、どんな処理をするんだろう?

ここでは、試用販売の処理と、1級の商業簿記で出題される
損益計算書作成問題の解き方をみておきましょう。

試用品を発送したときの処理

ゴエモン㈱は、商品（「おいしくいれられるコーヒーメーカー」）の良さを知ってもらおうと、アビ商会に商品3台を送り、1か月間、試しに使ってから、買うかどうかを決めてもらうことにしました。

> **取引** ゴエモン㈱は、アビ商会に試用品として商品300円（原価210円）を発送した。

試用販売とは

> 試しに使ってもらうために発送した商品のことを試用品といいます。

お客さんに商品を発送して、一定期間、試しに使ってもらい、良ければ買ってもらうという販売形態を**試用販売**といいます。

なお、試用販売の処理方法には**対照勘定法**と**手許商品区分法**の2つがあります。

試用品を発送したときの処理①（対照勘定法）

試用販売では、お客さんが「買う」と言ってはじめて商品が売れたことになるので、商品を発送した時点では、売上（収益）を計上することはできません。

> 対照勘定にはいくつか種類があるので、試験では問題文の指示にしたがってください。

そこで、対照勘定法では、商品を発送したときに、「試用中の商品がある」という事実を**試用販売契約**と**試用仮売上**という**対照勘定**（貸借一対の勘定）を用いて処理します。

なお、金額は**売価**で処理します。

（試用販売契約）　　　300　　（試 用 仮 売 上）　　　300

売価

試用品を発送したときの処理②（手許商品区分法）

　手許商品区分法では、試用品を発送（試送）したときに、試
用品の**原価**を**仕入勘定**から**試用品勘定**に振り替えます。

手許から商品がな
くなるので、仕入
（費用）を減少さ
せ、試用中の商品
が増えるので、試
用品（資産）の増
加として処理しま
す。

CASE31の仕訳　②手許商品区分法

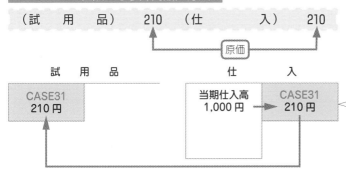

（試 　 用 　 品）　　　210　　（仕 　 　 　 入）　　　210

原価

試　用　品		仕　　　入	
CASE31 210 円		当期仕入高 1,000 円	CASE31 210 円

当期仕入高を
1,000円とした場
合の試用品勘定と
仕入勘定はこのよ
うになります。

買取りの意思表示があったときの処理

ゴエモン株式会社
まいど〜。

アビ商会
2台は買うよ。

先にアビ商会に試送していたコーヒーメーカーのうち2台（売価200円、原価140円）について今日、アビ商会から「買う」という返事がきました。

取引 アビ商会より、試用品のうち200円（原価140円）について、買取りの連絡を受けた。

アビ商会が「買う」といったときですね。

試用販売の収益認識

試用販売の場合、お客さん（アビ商会）から試用品の買取りの意思表示があったときに売上（収益）を計上します（販売基準）。

会計学

> **試用販売の収益認識**
> ●顧客から買取りの意思表示があったとき（販売基準）

なお、代金は後払いになることが多いので、相手科目は通常、売掛金（資産）で処理します。

買取りの意思表示があったときの処理①（対照勘定法）

お客さんから買取りの意思表示があったときは、**試用品売上（収益）**を計上し、売上を計上した分だけ、対照勘定を取り消します。

| （売　掛　金） | 200 | （試用品売上） | 200 |
| （試用仮売上） | 200 | （試用販売契約） | 200 |

◆試送時の仕訳

| （試用販売契約） | 300 | （試用仮売上） | 300 |

● 買取りの意思表示があったときの処理②（手許商品区分法）

　手許商品区分法の場合にも、お客さんから買取りの意思表示があったときに、**試用品売上（収益）** を計上します。

| （売　掛　金） | 200 | （試用品売上） | 200 |

　そして、買取りの意思表示があった分の試用品の原価は試用品勘定（資産）から仕入勘定（費用）に振り替えますが、この振替処理は販売のつど行う場合（**その都度法**）と、期末に一括して行う場合（**期末一括法**）があります。

> 手許商品区分法（その都度法、期末一括法）の処理は委託販売と同じです。

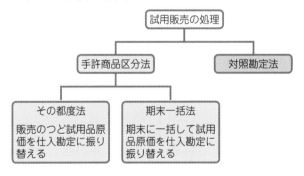

　以上より、手許商品区分法で処理している場合のCASE32の仕訳は次のようになります。

CASE32仕訳　②手許商品区分法

(1)　**その都度法**

| （売　掛　金） | 200 | （試用品売上） | 200 |
| （仕　　　入） | 140 | （試　用　品） | 140 |

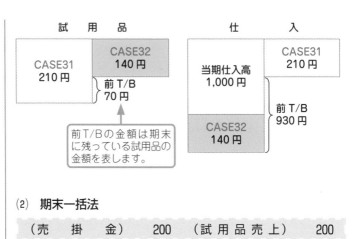

前T/Bの金額は期末に残っている試用品の金額を表します。

(2) 期末一括法

| （売　掛　金） | 200 | （試 用 品 売 上） | 200 |

前T/Bの金額は当期に試送した金額（および期首試用品）を表します。

CASE
33

試用販売

商品が返品されたときの処理

アビ商会に試送していたコーヒーメーカーのうち1台（売価100円、原価70円）について今日、アビ商会から「いらない」と返品されてきました。

取引 試用品のうち100円（原価70円）が返品された。

試用品が返品されたときの処理

試用品が返品されたときは、**返品分について発送したときと逆の仕訳**を行います。

⊖ 問題編 ⊖
問題26、27

◆試送時の仕訳

（試 用 販 売 契 約）　300　（試 用 仮 売 上）　300

CASE33の仕訳　①対照勘定法

売価（返品分）

（試 用 仮 売 上）　100　（試 用 販 売 契 約）　100

◆試送時の仕訳

（試　　用　　品）　210　（仕　　　　　入）　210

CASE33の仕訳　②手許商品区分法

原価（返品分）

（仕　　　　　入）　70　（試　用　品）　70

試用販売

試用販売の問題の解き方①
その都度法

解き方は
委託販売と同じ！

日商1級の試験で出題される試用販売の問題の解き方をみてみましょう。

まずは手許商品区分法（その都度法）です。

問題 次の資料により、損益計算書（一部）を完成させなさい。

［資料1］決算整理前残高試算表（一部）

決算整理前残高試算表　　（単位：円）

繰 越 商 品	1,000	一 般 売 上	60,000
試 用 品	210	試 用 品 売 上	22,000
仕 入	59,700		

［資料2］決算整理事項等

(1) 期末手許商品は4,700円である。一般販売の原価率は70%であり、試用販売は一般販売の10%増しの売価を設定している。

(2) 期首試用品原価は560円、当期試送高は？円である。なお、試用販売の処理はその都度法による。

損 益 計 算 書　　　　（単位：円）

Ⅰ 売 上 高
　1．一 般 売 上 高　（　　　　　）
　2．試 用 品 売 上 高　（　　　　　）　（　　　　　）
Ⅱ 売 上 原 価
　1．期首商品棚卸高　（　　　　　）
　2．当期商品仕入高　（　　　　　）
　　　合　　　計　（　　　　　）
　3．期末商品棚卸高　（　　　　　）　（　　　　　）
　　　売 上 総 利 益　　　　　　　（　　　　　）

問題文の確認

　CASE34は**その都度法**で処理しています。したがって、決算整理前残高試算表（前T/B）の試用品210円は期末試用品を表しており、前T/Bの仕入59,700円には当期に販売した（買取りの意思表示があった）試用品の売上原価が含まれていることがわかります。

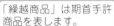
「繰越商品」は期首手許商品を表します。

決算整理前残高試算表　　（単位：円）

繰 越 商 品	1,000	一 般 売 上	60,000
試 用 品	210	試 用 品 売 上	22,000
仕 入	59,700		

その都度法の場合、当期に販売した試用品の売上原価が含まれています。

その都度法の場合、期末試用品を表します。

Step
2 ボックス図を作成する

　「仕入」、「手許商品（一般商品）」、「試用品」のボックス図を作成して、資料の金額を記入していきます。

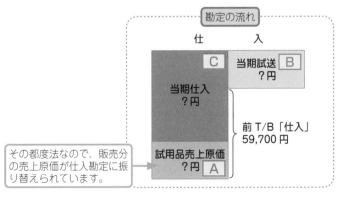

勘定の流れ

仕　　　　　入

C	当期試送 B ?円
当期仕入 ?円	
	前T/B「仕入」 59,700円
試用品売上原価 ?円 A	

その都度法なので、販売分の売上原価が仕入勘定に振り替えられています。

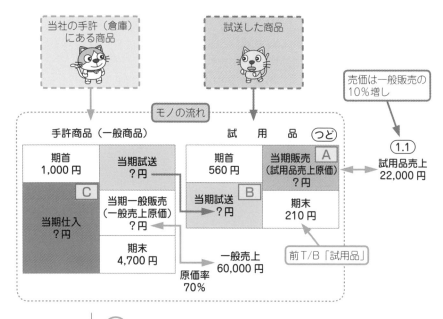

Step 3 ボックス図の金額をうめる

前記のボックス図から不明な金額を計算していきます。

(1) 試用品売上原価 A

　[資料2](1)に「試用販売は一般販売の10%増しの売価を設定している」とあるので、まずは試用品売上22,000円を1.1で割って一般販売の売価になおします。そして、一般販売の売価に一般販売の原価率（70%）を掛けて試用品売上原価を計算します。

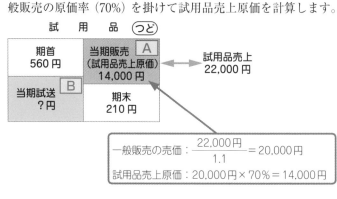

(2) **当期試送高** B

試用品ボックスの貸借差額で当期試送高を計算します。

(3) **当期仕入高** C

仕入勘定の貸借差額で当期仕入高を計算します。

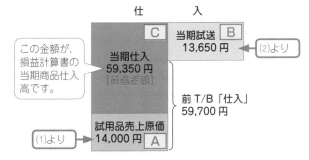

(Step 4) **損益計算書に金額を記入する**

以上のボックス図から損益計算書に金額を記入すると次のとおりです。

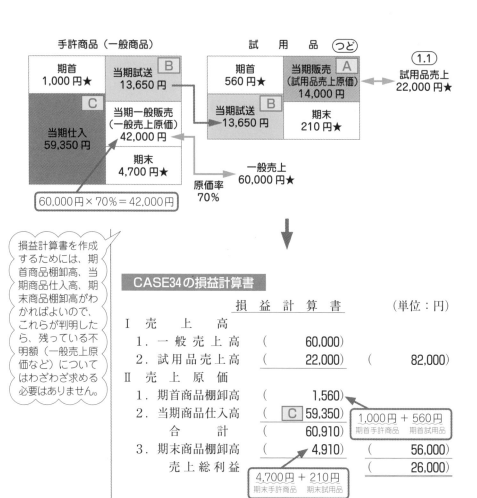

手許商品（一般商品）

期首 1,000 円★	当期試送 B 13,650 円
	当期一般販売 （一般売上原価） 42,000 円
当期仕入 59,350 円 C	
	期末 4,700 円★

60,000 円 × 70% ＝ 42,000 円

試　用　品　（つど）

| 期首
560 円★ | 当期販売 A
（試用品売上原価）
14,000 円 |
| 当期試送 B
13,650 円 | 期末
210 円★ |

1.1
試用品売上
22,000 円★

一般売上
60,000 円★

原価率
70%

損益計算書を作成するためには、期首商品棚卸高、当期商品仕入高、期末商品棚卸高がわかればよいので、これらが判明したら、残っている不明額（一般売上原価など）についてはわざわざ求める必要はありません。

CASE34の損益計算書

損　益　計　算　書　　　　（単位：円）

I　売　上　高
　　1．一般売上高　　　（　　　　60,000）
　　2．試用品売上高　　（　　　　22,000）　（　　　　82,000）
II　売　上　原　価
　　1．期首商品棚卸高　（　　　　 1,560）
　　2．当期商品仕入高　（ C　 59,350）
　　　　合　　　計　　　（　　　　60,910）
　　3．期末商品棚卸高　（　　　　 4,910）　（　　　　56,000）
　　　　売上総利益　　　　　　　　　　　　（　　　　26,000）

1,000 円 ＋ 560 円
期首手許商品　期首試用品

4,700 円 ＋ 210 円
期末手許商品　期末試用品

⊖ 問題編 ⊖
問題28

試用販売

試用販売の問題の解き方②
期末一括法

次は期末一括法！

次に期末一括法の問題の解き方をみてみましょう。CASE34とどこが違うのかをしっかり確認してくださいね。

問題 次の資料により、損益計算書（一部）を完成させなさい。

［資料１］決算整理前残高試算表（一部）

決算整理前残高試算表　（単位：円）

繰 越 商 品	1,000	一 般 売 上	60,000
試 用 品	14,210	試用品売上	22,000
仕 入	45,700		

> 期末手許商品が不明の場合の期末一括法の解き方をみてみましょう。

［資料２］決算整理事項等

(1) 期末手許商品は？円である。一般販売の原価率は70％であり、試用販売は一般販売の10％増しの売価を設定している。

(2) 期首試用品原価は560円、当期試送高は？円である。なお、試用販売の処理は期末一括法による。

損 益 計 算 書　　　（単位：円）

Ⅰ 売 上 高
　1. 一 般 売 上 高　（　　　　　）
　2. 試 用 品 売 上 高　（　　　　　）　（　　　　　）
Ⅱ 売 上 原 価
　1. 期首商品棚卸高　（　　　　　）
　2. 当期商品仕入高　（　　　　　）
　　　　合　　計　　（　　　　　）
　3. 期末商品棚卸高　（　　　　　）　（　　　　　）
　　　売 上 総 利 益　　　　　　　（　　　　　）

CASE35は**期末一括法**で処理しています。したがって、前T/Bの試用品14,210円は期首試用品と当期試送高の合計金額であり、前T/Bの仕入45,700円には当期に販売した試用品の売上原価は含まれていません。

期末一括法の場合、期首試用品＋当期試送高を表します。

決算整理前残高試算表　　（単位：円）

繰 越 商 品	1,000	一 般 売 上	60,000
試 用 品	14,210	試 用 品 売 上	22,000
仕 入	45,700		

期末一括法の場合、売上原価の振り替えは期末に行うので、前T/Bの金額には当期に販売した試用品の売上原価は含まれていません。

「仕入」、「手許商品（一般商品）」、「試用品」のボックス図を作成して、資料の金額を記入していきます。

CASE34よりも「?」の箇所が増えましたが、わかるところからうめていきましょう。

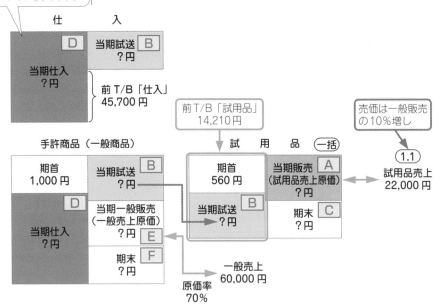

　前記のボックス図から不明な金額を計算していきます。

(1)　試用品売上原価 A 、当期試送高 B 、期末試用品 C

　試用品売上原価、当期試送高、期末試用品原価を計算します。

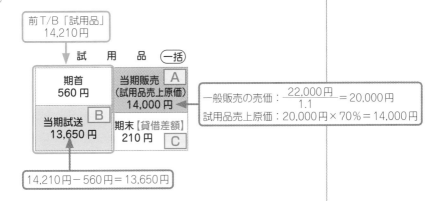

前T/B「試用品」
14,210円

試　　用　　品（一括）

| 期首
560円 | 当期販売 A
（試用品売上原価）
14,000円 |
| 当期試送 B
13,650円 | 期末［貸借差額］
210円 C |

一般販売の売価：$\dfrac{22,000円}{1.1}=20,000円$
試用品売上原価：20,000円×70％＝14,000円

14,210円－560円＝13,650円

(2)　当期仕入高 D

　仕入ボックスの貸借差額で当期仕入高を計算します。

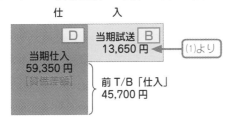

仕　　　　入

| D
当期仕入
59,350円
［貸借差額］ | 当期試送 B
13,650円 | (1)より |
| | 前T/B「仕入」
45,700円 | |

(3)　一般売上原価 E 、期末手許商品 F

　一般売上（60,000円）に原価率（70％）を掛けて一般売上原価（手許商品ボックス）を計算します。また、手許商品ボックスの貸借差額で期末手許商品原価を計算します。

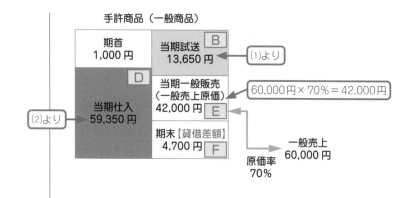

Step 4 損益計算書に金額を記入する

以上のボックス図から損益計算書に金額を記入すると次のとおりです。

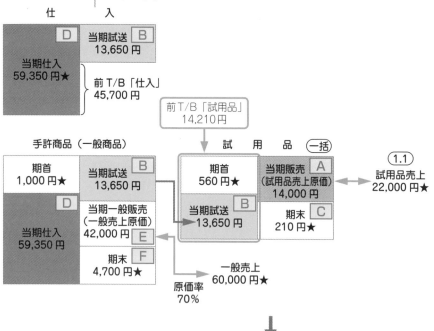

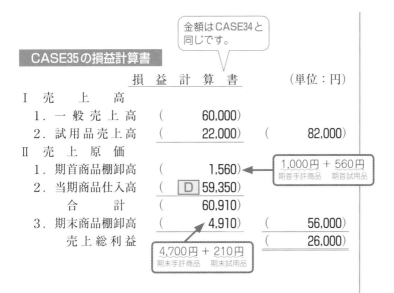

CASE35の損益計算書

金額はCASE34と同じです。

損　益　計　算　書　　　　（単位：円）

Ⅰ　売　　上　　高
　1．一 般 売 上 高　（　　　　60,000）
　2．試 用 品 売 上 高　（　　　　22,000）　（　　　82,000）
Ⅱ　売　上　原　価
　1．期首商品棚卸高　（　　　　 1,560）　← 1,000円 ＋ 560円
　　　　　　　　　　　　　　　　　　　　　　期首手許商品　期首試用品
　2．当期商品仕入高　（　 D 59,350）
　　　　合　　　計　　（　　　　60,910）
　3．期末商品棚卸高　（　　　　 4,910）　（　　　56,000）
　　　売 上 総 利 益　　　　　　　　　　　（　　　26,000）

4,700円 ＋ 210円
期末手許商品　期末試用品

⇔ 問題編 ⇔
問題29

試用販売

試用販売の問題の解き方③
対照勘定法

そして
対照勘定法！

最後に対照勘定法の問題の解き方をみてみましょう。損益計算書の金額はCASE34、35と同じにしてありますので、それぞれの前T/Bとボックス図を見比べて、どこが違うのかを確認してみてください。

問題 次の資料により、損益計算書（一部）を完成させなさい。

［資料1］決算整理前残高試算表（一部）

決算整理前残高試算表　　（単位：円）

試 用 販 売 契 約	330	一 般 売 上	60,000
繰 越 商 品	1,000	試 用 品 売 上	22,000
試 用 品	560	試 用 仮 売 上	330
仕 入	59,350		

［資料2］決算整理事項等
(1) 期末手許商品は4,700円である。
(2) 一般販売の原価率は70%であり、試用販売は一般販売の10%増しの売価を設定している（毎期一定）。

損 益 計 算 書　　　　（単位：円）

I　売　上　高
　1．一般売上高　　（　　　　　　）
　2．試用品売上高　（　　　　　　）　（　　　　　　）
II　売　上　原　価
　1．期首商品棚卸高　（　　　　　　）
　2．当期商品仕入高　（　　　　　　）
　　　　合　　　計　　（　　　　　　）
　3．期末商品棚卸高　（　　　　　　）　（　　　　　　）
　　　　売上総利益　　　　　　　　　（　　　　　　）

Step 1 問題文の確認

CASE36は**対照勘定法**で処理しています。

対照勘定法では、商品を試送したときに仕入勘定から試用品勘定に振り替えませんし、販売分の原価を試用品勘定から仕入勘定に振り替えません。

つまり、期中の仕訳に「仕入」や「試用品」が出てこないのです。ですから、前T/Bの試用品560円は期首試用品を表し、前T/Bの仕入は当期仕入高を表します。

また、試用仮売上（または試用販売契約）は期末試用品の売価を表します。

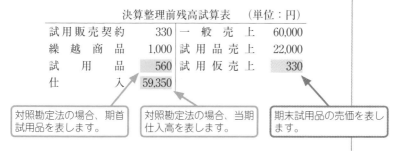

決算整理前残高試算表　　（単位：円）

試 用 販 売 契 約	330	一 般 売 上 60,000
繰 越 商 品	1,000	試 用 品 売 上 22,000
試 用 品	560	試 用 仮 売 上 330
仕 入	59,350	

対照勘定法の場合、期首試用品を表します。

対照勘定法の場合、当期仕入高を表します。

期末試用品の売価を表します。

Step 2 ボックス図を作成する

「仕入」、「手許商品（一般商品）」、「試用品」のボックス図を作成して、資料の金額を記入していきます。

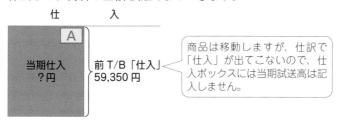

仕　　　入

A	
当期仕入 ?円	前T/B「仕入」 59,350円

商品は移動しますが、仕訳で「仕入」が出てこないので、仕入ボックスには当期試送高は記入しません。

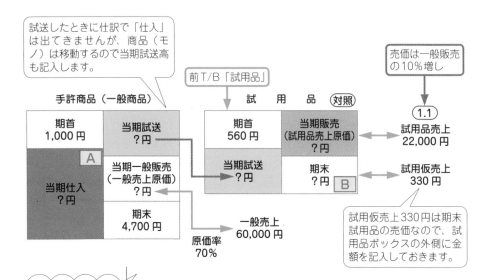

試送したときに仕訳で「仕入」は出てきませんが、商品（モノ）は移動するので当期試送高も記入します。

売価は一般販売の10%増し

前T/B「試用品」

「?」がたくさんありますが、損益計算書の作成に必要な金額は、期首商品棚卸高、当期商品仕入高、期末商品棚卸高です。したがって、Aと Bの金額だけわかれば十分ですね。

Step 3 ボックス図の金額をうめる

前記のボックス図から不明な金額（ A と B ）を計算していきます。

(1) 当期仕入高 A

対照勘定法の場合、前T/Bの仕入59,350円は当期仕入高を表します。したがって、当期仕入高は59,350円です。

(2) 期末試用品 B

試用仮売上は期末試用品の売価なので、試用仮売上330円に試用販売の原価率を掛けて期末試用品（原価）を計算します。

しかし、この問題は試用販売の原価率は与えられていないので、いったん一般売価を計算してから、一般売価に一般販売の原価率（70%）を掛けて期末試用品（原価）を求めます。

試用販売は一般販売の10%増しの売価なので、期末試用品の一般売価は試用仮売上を1.1で割って求めます。

$$期末試用品の一般売価：\frac{330円}{1.1} = 300円$$

$$期 末 試 用 品 （原 価）：300円 × 70\% = 210円$$

以上より、損益計算書に金額を記入すると次のとおりです。

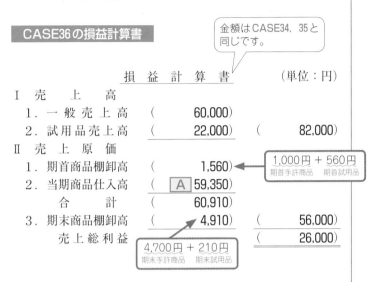

CASE36の損益計算書

金額はCASE34、35と同じです。

損 益 計 算 書 （単位：円）

I　売　　上　　高
　　1．一　般　売　上　高　　（　　　60,000）
　　2．試　用　品　売　上　高　（　　　22,000）　（　　　82,000）
II　売　上　原　価
　　1．期　首　商　品　棚　卸　高　（　　　1,560）　◄　　1,000円 ＋ 560円
　　　　　　　　　　　　　　　　　　　　　　　　　　　　期首手許商品　　期首試用品
　　2．当　期　商　品　仕　入　高　（　　A　59,350）
　　　　　合　　　　　計　（　　　60,910）
　　3．期　末　商　品　棚　卸　高　（　　　4,910）　（　　　56,000）
　　　　　売　上　総　利　益　　　　　　　　　　　（　　　26,000）

4,700円 ＋ 210円
期末手許商品　　期末試用品

⇔ 問題編 ⇔
問題30、31

試用販売のまとめ　≪一連の流れ≫

CASE31
試送時

(1) 対照勘定法
（試用販売契約）　　300　（試用仮売上）　　300
(2) 手許商品区分法（その都度法＆期末一括法）
（試　用　品）　　210　（仕　　　　　入）　　210

CASE32
買取りの意思
表示があった
とき

(1) 対照勘定法
（売　　掛　　金）　　200　（試 用 品 売 上）　　200
（試 用 仮 売 上）　　200　（試用販売契約）　　200
(2) 手許商品区分法（その都度法）
（売　　掛　　金）　　200　（試 用 品 売 上）　　200
（仕　　　　　入）　　140　（試　　用　　品）　　140

> 期末一括法の場合
> はこの仕訳は決算
> 時に行います。

CASE33
返品時

(1) 対照勘定法
（試 用 仮 売 上）　　100　（試用販売契約）　　100
(2) 手許商品区分法（その都度法＆期末一括法）
（仕　　　　　入）　　 70　（試　　用　　品）　　 70

試用販売の収益認識のまとめ

CASE32

●顧客から買取りの意思表示があったとき（販売基準）

その都度法、期末一括法、対照勘定法の違い

(1) 手許商品区分法－その都度法

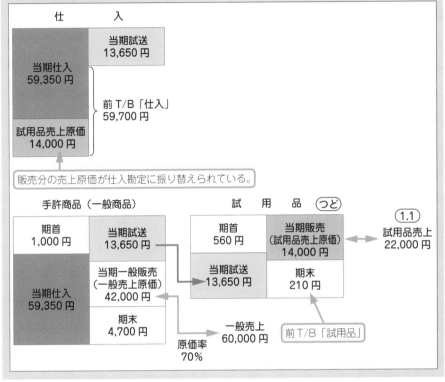

(2) 手許商品区分法－期末一括法

仕　入

| 当期仕入 59,350 円 | 当期試送 13,650 円 |
| | 前 T/B「仕入」 45,700 円 |

前 T/B「試用品」 14,210 円

手許商品（一般商品）

期首 1,000 円	当期試送 13,650 円
当期仕入 59,350 円	当期一般販売（一般売上原価）42,000 円
	期末 4,700 円

試　用　品　（一括）

| 期首 560 円 | 当期販売（試用品売上原価）14,000 円 |
| 当期試送 13,650 円 | 期末 210 円 |

(1.1) 試用品売上 22,000 円

一般売上 60,000 円

原価率 70%

(3) 対照勘定法

仕　入

| 当期仕入 59,350 円 | 前 T/B「仕入」 59,350 円 |

手許商品（一般商品）

期首 1,000 円	当期試送 13,650 円
当期仕入 59,350 円	当期一般販売（一般売上原価）42,000 円
	期末 4,700 円

試　用　品　（対照）

| 期首 560 円 | 当期販売（試用品売上原価）14,000 円 |
| 当期試送 13,650 円 | 期末 210 円 |

(1.1) 試用品売上 22,000 円

試用仮売上 330 円

一般売上 60,000 円

原価率 70%

第8章

割賦販売

・・・・・
・・・・

商品を先にお客さんに渡し、代金は翌月末から分割して受け取る…。
そうすると、代金の回収が長期にわたることになるから
契約における重要な金融要素が
約束した対価に含まれている可能性があるらしい…。
どんな処理になるのだろう。

ここでは、割賦販売についてみていきましょう。

CASE 37 割賦販売

割賦販売をしたとき

ゴエモン㈱は、お客さんに先に商品を渡し、代金は月末に分割して受け取るという商品販売形態も行っています。

取引 次の一連の取引について仕訳しなさい。なお、売価と現金販売価格との差額は利息として処理する。また、利息は定額法により回収時に配分する。

①ゴエモン㈱は、商品500円（現金販売価格400円）を5回の分割払いで割賦販売した。

②第1回目の割賦金100円を現金で回収した。

割賦販売とは

お客さんに商品を先に渡し、代金はあとで分割で受け取る販売形態を**割賦販売**といいます。

割賦販売の処理

割賦販売は、代金の回収が長期間にわたるので、販売価格には利息が含まれている場合があります。この利息が顧客との契約における重要な金融要素となる場合には、取引価格（売上）は**現金販売価格**で計上し、売価と現金販売価格の差額である金利部分は各期に**受取利息（収益）**として配分します。

● 商品を引き渡したときの処理…①

商品を引き渡したときに**割賦売上（収益）**を計上し、相手科目は**割賦売掛金（資産）**で処理します。なお、売上の計上額は、現金販売価格となります。

CASE37の仕訳　①商品引渡時

（割 賦 売 掛 金）　400　（割 賦 売 上）　400

> 現金販売価格

● 代金を回収したときの処理…②

代金を回収したときは、割賦売掛金の回収の処理をします。また、利息配分額を**対価の金額（受取手形など）**に**加算**するとともに、相手科目は**受取利息（収益）**で処理します。

CASE37の仕訳　②代金回収時

（現　　　　　金）　100　（割 賦 売 掛 金）　100
（割 賦 売 掛 金）　 20　（受 取 利 息）　 20

> （500円－400円）÷5回＝20円

⇔ 問題編 ⇔
問題32

割賦販売

戻り商品の処理①

ゴエモン株式会社

えっ・・・。
じゃあ、商品は
返してね。

ごめん。もう払えない。

商品
戻り商品

当期に割賦販売した商品の代金がなかなか入金されないのでお客さんに問い合わせたら、「もう支払えない」だって！ 仕方がないので、今後の支払いは免除するかわりに商品を返してもらいました。この場合はどんな処理をするのでしょう？

取引 次の一連の取引について仕訳しなさい。なお、売価と現金販売価格との差額は利息として処理する。また、利息は定額法により回収時に配分する。

①ゴエモン㈱は、商品500円（現金販売価格400円）を5回の分割払いで売り上げた。

②第1回目（100円）の代金を現金で回収した。

③購入者が支払不能となったため、代金（320円）を未回収のまま商品（評価額は150円）を取り戻した。

●商品の引渡時、代金の回収時の処理…①②

商品引渡時と代金回収時の処理は、CASE37で学習したとおりです。

CASE38の仕訳　①商品引渡時

（割 賦 売 掛 金）	400	（割 賦 売 上）	400

CASE38の仕訳　②代金回収時

（現　　　　　金）	100	（割賦売掛金）	100
（割賦売掛金）	20	（受取利息）	20

● 当期引渡分が回収不能となったときの処理…③

　当期に引き渡した商品の代金が回収できなくなったときは、回収不能分の割賦売掛金（資産）を減らします。また、取り戻した商品に評価額がある場合は、**戻り商品（資産）**として評価額で計上します。

（戻　り　商　品）	150	（割賦売掛金）	320

　そして、回収不能分の割賦売掛金と戻り商品との差額（貸借差額）は**戻り商品損失**で処理します。

CASE38の仕訳　③当期引渡分の回収不能時

（戻　り　商　品）	150	（割賦売掛金）	320
（戻り商品損失）	170 ←	貸借差額	

● 戻り商品の決算時の処理

　戻り商品は価値が下がったとはいえ、「商品」なので期中に再度販売されることがあります。この場合、戻り商品の評価額は売上原価となるため、決算において戻り商品勘定から仕入勘定に振り替えます。

戻り商品が期中に販売された場合の決算時の仕訳

（仕　　　　　入）	150	（戻　り　商　品）	150

　一方、戻り商品が期中に販売されず、期末に残っていた場合は、決算において、いったん戻り商品勘定から仕入勘定に振り替えたあと、仕入勘定から繰越商品勘定に振り替えます。

いったんお客さんに引き渡した商品なので、価値（評価額）は減っていますが、手許に商品が戻ってくるので、戻り商品（資産）を計上します。

戻り商品損失は販売費です。

この仕訳はあまり重要ではありません。

この仕訳はあまり
重要ではありませ
ん。損益計算書を
作成するときに戻
り商品の金額を期
末商品棚卸高に含
めることだけおさ
えておきましょう。

戻り商品が期末に残っている場合の決算時の仕訳

（仕　　　　　入）	150	（戻　り　商　品）	150
（繰　越　商　品）	150	（仕　　　　　入）	150

割賦販売

戻り商品の処理②

この場合の処理は？

前期に販売した商品が
戻ってきた。

今度は、前期に割賦販売した商品を取り戻したときの処理をみてみましょう。

> **取引** 前期に発生した割賦売掛金のうち300円が当期に回収不能となったため、商品（評価額は140円）を取り戻した。なお、販売基準で処理しており、設定されている貸倒引当金は50円である。

● 前期引渡分が回収不能となったときの処理

　前期に発生した割賦売掛金が回収できなくなったときは、まずは割賦売掛金を減少させます。

（割 賦 売 掛 金）	300	

　また、評価額140円の商品を取り戻しているので、戻り商品を計上します。

> ここまではCASE
> 38と同じです。

（戻 り 商 品）	140	（割 賦 売 掛 金）	300

● 貸倒引当金が設定されていた場合の処理

　貸倒引当金が設定されている割賦売掛金が回収不能となったときは、貸倒引当金を取り崩します。

（戻 り 商 品）	140	（割 賦 売 掛 金）	300
（貸 倒 引 当 金）	50		

そして、貸借差額は**戻り商品損失**で処理します。

以上より、CASE39の仕訳は次のようになります。

CASE39の仕訳

（戻 り 商 品）	140	（割 賦 売 掛 金）	300
（貸 倒 引 当 金）	50		
（戻 り 商 品 損 失）	110 ← 貸借差額		

⇔ 問題編 ⇔
問題33

割賦販売・販売基準 《一連の流れ》

商品引渡時	（割 賦 売 掛 金）	400	（割 賦 売 上）	400
代金の回収時	（現　　　　　金）	100	（割 賦 売 掛 金）	100
	（割 賦 売 掛 金）	20	（受 取 利 息）	20
決算時	仕 訳 な し			

戻り商品の処理のまとめ

割賦売掛金の
回収不能時

(1) 当期引渡分が回収不能となったとき

（戻 り 商 品）	150	（割 賦 売 掛 金）	320
（戻 り 商 品 損 失）	170		

(2) 前期引渡分が回収不能となったとき

（戻 り 商 品）	140	（割 賦 売 掛 金）	300
（貸 倒 引 当 金）	50		
（戻 り 商 品 損 失）	110		

第9章

その他の商品売買形態

雑誌の年間購読を申し込むと代金は先に払うけど、
雑誌(商品)はあとで毎月届く…。
沖縄のヤマネコ㈱に商品を注文した。
商品は後日、船便で届くけど、商品の到着前に
販売してしまうこともできるらしい…。
第6章で学習した委託販売。
これを受託者側からみたらどんな処理になるのだろう…。

ここでは、予約販売、未着品販売、受託販売
についてみていきましょう。

予約金を受け取ったときの処理

ゴエモン㈱では、当期から事前に予約者を募って、季節のお花で作った花束（商品）を毎月届けるという販売形態を開始しました。

さっそく予約が入り、予約金を受け取ったのですが、どのような処理をしたらよいでしょう？

取引　ゴエモン㈱は花束の予約販売（全12回、@10円）を企画したところ、10人から申し込みがあり、予約金1,200円（@10円×12回×10人）を現金で受け取った。

用語　**予約販売**…先に商品の予約を受け付け、予約金を受け取り、商品を発送したときに売上を計上する商品販売形態

予約販売とは

CASE40のように先に予約金を受け取って、あとから商品を引き渡すという販売形態を**予約販売**といいます。

予約金を受け取ったときの処理

予約金を受け取ったときは、まだ商品をお客さんに引き渡したわけではないので、売上（収益）を計上することはできません。そこで、受け取った金額は**前受金（負債）**として処理します。

CASE40の仕訳

|（現　　　金）|1,200|（前　受　金）|1,200|

商品を引き渡したときの処理

桜が満開の4月上旬。
今日、ゴエモン㈱では、
予約者に対して4月の花束（商品）を発送しました。

> **取引** ゴエモン㈱は4月分の商品（@10円）を予約者10人に対して発送した。

● 商品を引き渡したときの処理

　商品をお客さんに引き渡したとき（発送したとき）は、**商品を引き渡した分だけ売上（収益）を計上**します。

　なお、商品を引き渡した分の「商品を引き渡さなければならない義務」がなくなるので、**前受金（負債）を減らします**。

CASE41の仕訳

| （前　受　金） | 100 | （売　　　　上） | 100 |

@10円×1回×10人＝100円

⇔ 問題編 ⇔
問題34

貨物代表証券を受け取ったときの処理

ヤマネコ株式会社
商品は船便で送ったよ。

船荷証券

ゴエモン株式会社

おう！

商品

商品 商品

?　ゴエモン㈱は、沖縄の
ヤマネコ㈱に商品200
円を注文しました。
商品は後日船便で届くという
ことなので、商品の引換証と
して船荷証券を受け取りまし
た。

取引　ゴエモン㈱はヤマネコ㈱に商品200円を注文し、船荷証券を受け
取り、代金は掛けとした。

用語　船荷証券…海運会社に対する商品を受け取る権利を表す証券

貨物代表証券を受け取ったときの処理

貨物代表証券には
海運会社が発行す
る船荷証券があり
ます。

　船便で商品が運ばれる場合、運送会社から貨物の預り証とし
て**貨物代 表 証 券**を受け取ります。貨物代表証券を持っていれ
ば、運送会社から貨物（商品）を受け取ることができるので、
この商品を受け取る権利は**未着品（資産）**として処理します。

商品はまだ届いて
いないので、「仕
入」で処理するこ
とはできません。

CASE42の仕訳

（未　着　品）　200　（買　掛　金）　200

商品が到着したときの処理

先日、ヤマネコ㈱に注文していた商品のうち120円が船便で届いたので、船荷証券と引き換えに商品を受け取りました。なお、このとき引取費用10円を現金で支払いました。

> 取引 船荷証券120円につき、商品が到着したので船荷証券と引き換えに商品を受け取った。なお、その際に引取費用10円を現金で支払った。

商品が到着したときの処理

商品が到着したときは、未着の状態のものがなくなるので、**未着品（資産）**を減らすとともに、**仕入（費用）**を計上します。

なお、**引取費用は仕入原価に含めて処理**します。

> 引取費用（仕入諸掛り）は仕入原価に含める…3級で学習しましたね。

CASE43の仕訳

（仕　　　入）	130	（未　着　品）	120
		（現　　　金）	10

引取費用を含める

CASE 44　未着品販売

貨物代表証券のまま転売したときの処理

先日、ヤマネコ㈱に注文していた商品のうち80円については、商品が届く前にシロミ㈱に船荷証券を110円で転売しました。

> **取引** 船荷証券80円をシロミ㈱に110円で転売し、代金は掛けとした。なお、これにともなう売上原価は未着品勘定から仕入勘定に振り替える。

貨物代表証券を転売したときの処理

　貨物代表証券は、商品が到着する前に貨物代表証券のまま転売することができます。

　そして、貨物代表証券を転売したときは、通常の売上と区別して、**未着品売上（収益）**として処理します。

> まだ届いていない商品を売ったので、「未着品売上」ですね。

（売　　掛　　金）	110	（未 着 品 売 上）	110

　また、CASE44では「これにともなう売上原価は未着品勘定から仕入勘定に振り替える」という指示があるので、未着品の原価80円を未着品勘定から仕入勘定に振り替えます。

　したがって、CASE44の仕訳は次のようになります。

> 転売により、未着品が減少→貸方、売上原価（仕入）が増加→借方

（売　　掛　　金）	110	（未 着 品 売 上）	110
（仕　　　　　入）	80	（未　　着　　品）	80

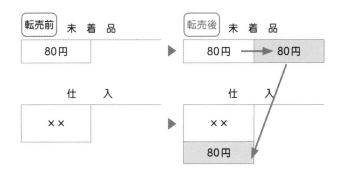

　なお、未着品の売上原価の振り替えは、**売上げのつど行う方法**（CASE44の場合）と**決算時に行う方法**があります。

　上記のように、貨物代表証券（未着品）のまま転売する商品販売形態を**未着品販売**といいます。

問題編
問題35

受託販売

受託品を受け取ったときの処理

第5章では委託者側（ゴエモン㈱）の処理をみましたが、ここでは受託者側（ニャンタ㈱）の処理をみてみましょう。
ニャンタ㈱は、ゴエモン㈱から販売を委託された商品を受け取りました。この場合、ニャンタ㈱ではどのような処理をするのでしょうか？

こちら側の処理

取引 ニャンタ㈱は、ゴエモン㈱から販売を委託された商品（販売価額150円）を受け取った。

受託販売とは

受託販売とは、販売代理店として他社の商品を販売する形態をいい、委託販売を受託者側からみた取引です。なお、販売を委託された商品のことを**受託品**といいます。

受託品を受け取ったときの処理

受託者が仕入れたわけではないので処理は不要です。

受託者が受託品を受け取っただけでは、**なんの処理もしません。**

CASE45の仕訳

仕 訳 な し

受託品を売り上げたときの処理

ニャンタ㈱がゴエモン㈱から委託された商品を75円で売り上げたときの処理をみてみましょう。

> **取引** ニャンタ㈱は、ゴエモン㈱から販売を委託された商品（販売価額 75円）を売り上げ、代金は現金で受け取った。なお、その際に発 送費5円を現金で支払った。

● 受託品を売り上げたときの処理

　受託者（ニャンタ㈱）が受託品を売り上げたときは、お客さんから受け取ったお金はあとで委託者（ゴエモン㈱）に渡さなければなりません。つまり、あとでお金を渡さなければならないという義務が生じます。

　受託販売において、受託者（ニャンタ㈱）の、委託者（ゴエモン㈱）に対する債権債務は**受託販売**という勘定科目で処理します。

受託者が自社の商品を売り上げたわけではないので、売上（収益）は計上しません。

受託販売

借　方	貸　方
あとでお金を受け取ることができる権利	あとでお金を支払わなければならない義務

「あとでお金を受け取ることができる権利」なら借方に、「あとでお金を支払わなければならない義務」なら貸方に記入します。

したがって、商品を売り上げ、代金を受け取ったときは、**受託販売（貸方）** で処理します。

（現　　　　金）	75	（受　託　販　売）	75

また、CASE46では、受託者（ニャンタ㈱）は発送費を支払っています。この発送費は、通常、委託者（ゴエモン㈱）が負担する費用なので、ニャンタ㈱は「あとでお金を受け取ることができる権利」として **受託販売（借方）** で処理します。

要するに立替金（資産）ですね。

（受　託　販　売）	5	（現　　　　金）	5

したがって、CASE46の仕訳は次のようになります。

CASE46の仕訳

（現　　　　金）	75	（受　託　販　売）	75
（受　託　販　売）	5	（現　　　　金）	5

受　託　販　売

CASE46
発送費　5円

CASE46
販売額75円

受託販売

委託者に仕切精算書を作成して送付したときの処理

ニャンタ㈱はゴエモン㈱に販売を委託された商品を売り上げたので、売上計算書を作成して送付しました。なお、当初の約束で販売額の4％を販売手数料として受け取ることになっているため、販売手数料3円を計上しました。

取引 ニャンタ㈱は次の売上計算書（仕切精算書）を作成し、ゴエモン㈱に送付した。その際、販売手数料3円を計上した。

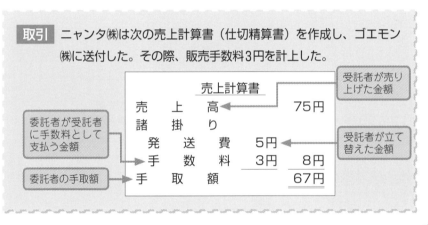

			売上計算書			
売	上	高				75円
諸	掛	り				
	発	送	費		5円	
	手	数	料		3円	8円
手	取	額				67円

受託者が売り上げた金額

委託者が受託者に手数料として支払う金額

受託者が立て替えた金額

委託者の手取額

仕切精算書を作成して送付したときの処理

　受託者（ニャンタ㈱）は受託品を販売すると委託者（ゴエモン㈱）から手数料を受け取ることができます。

　したがって、売上計算書を作成するときには販売手数料を記載し、簿記上は、販売手数料を**受取手数料（収益）**として処理します。

> タダで販売してあげるわけではありません。

受託販売手数料で処理
することもあります。

（　　　　　　）		（受取手数料）	3

　なお、この販売手数料は委託者から受け取ることができるの
で、相手科目（借方）は**受託販売**で処理します。

CASE47の仕訳

（受　託　販　売）	3	（受取手数料）	3

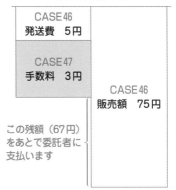

受　託　販　売

CASE46
発送費　5円

CASE47
手数料　3円

CASE46
販売額　75円

この残額（67円）
をあとで委託者に
支払います

●委託者に手取額を支払ったときの処理

　後日、委託者に売上計算書に記載されている手取額（67円）
を支払ったときは、受託販売（貸方）を減らし（借方に記入
し）ます。

たとえば、手取額
67円を現金で支
払った場合は、こ
のような仕訳にな
ります。

（受　託　販　売）	67	（現　　　　金）	67

⇔ 問題編 ⇔
問題36

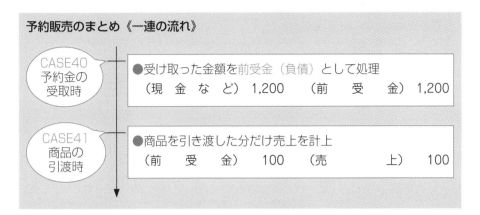

予約販売のまとめ《一連の流れ》

CASE40
予約金の
受取時

●受け取った金額を前受金（負債）として処理
（現　金　な　ど）1,200　（前　　受　　金）1,200

CASE41
商品の
引渡時

●商品を引き渡した分だけ売上を計上
（前　　受　　金）　100　（売　　　　　上）　100

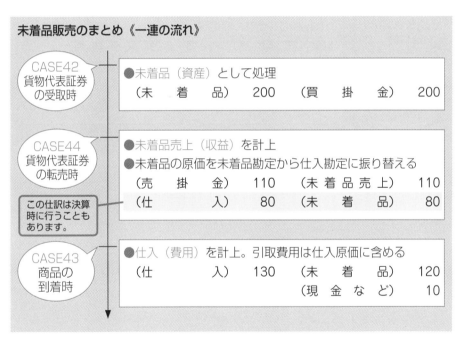

未着品販売のまとめ《一連の流れ》

CASE42
貨物代表証券
の受取時

●未着品（資産）として処理
（未　　着　　品）　200　（買　　掛　　金）　200

CASE44
貨物代表証券
の転売時

●未着品売上（収益）を計上
●未着品の原価を未着品勘定から仕入勘定に振り替える
（売　　掛　　金）　110　（未　着　品　売　上）　110
（仕　　　　　入）　 80　（未　　着　　品）　 80

この仕訳は決算
時に行うことも
あります。

CASE43
商品の
到着時

●仕入（費用）を計上。引取費用は仕入原価に含める
（仕　　　　　入）　130　（未　　着　　品）　120
　　　　　　　　　　　　　（現　金　な　ど）　 10

受託販売のまとめ《一連の流れ》

CASE45 受託品の 受取時	仕 訳 な し ●ただし、引取費用などを負担したときは受託販売（借方）で処理

CASE46 受託品の 売上時	●販売額を受託販売（貸方）で処理 ●発送費用などを負担したときは受託販売（借方）で処理 （現 金 な ど） 75 （受 託 販 売） 75 （受 託 販 売） 5 （現 金 な ど） 5

CASE47 仕切精算書の 送付時	●販売手数料を受取手数料（収益）で処理するとともに、受託販売（借方）で処理 （受 託 販 売） 3 （受 取 手 数 料） 3

CASE47 手取額の 支払時	●受託販売の残額を減らす （受 託 販 売） 67 （現 金 な ど） 67

第10章

工事契約に関する会計処理 （建設業会計）

これまで雑貨をメインに販売してきたゴエモン㈱ですが、
当期から建設業も開始し、マンションの建設を請け負うことにしました。
これまでの商品売買業と建設業の会計処理は
どこがどのように違うのでしょうか？

ここでは、工事契約に関する会計処理（建設業会計）について学習します。

工事契約に関する会計処理（建設業会計）

工事代金を受け取ったときの処理

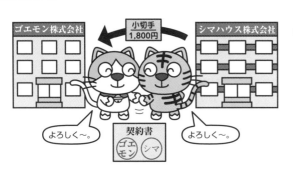

よろしく〜。

契約書
ゴエモン　シマ

よろしく〜。

ゴエモン㈱は、当期から建設業を開始したところ、さっそくシマハウス㈱からマンションの受注を受け、契約を結ぶとともに、工事代金の一部を受け取りました。このような場合の会計処理をみてみましょう。

取引 ×3年3月1日　ゴエモン㈱は、シマハウス㈱からマンションの建設を契約価額（工事収益総額）30,000円で請け負い、工事代金の一部として1,800円を小切手で受け取り、着工した。なお、完成予定日は×5年2月28日である。

用語 **請け負う**…責任をもって引き受けること
着　　工…つくりはじめること

建設業会計とは

あらかじめ交わされた特定契約にもとづいて請け負う工事を請負工事といいます。

　建物やダムの建設など、土木建築を行う企業における会計を**建設業会計**といいます。

　建設業では、まず発注者（シマハウス㈱）から工事を請け負います。このとき、代金の一部を手付金として受け取ることがあります。

　契約締結後、受注者（ゴエモン㈱）は建設用の材料を仕入れ、作業員を雇い、機械設備を用いて目的物（マンション）を建設していきます。

　そして、目的物が完成したら発注者に引き渡して、残っている契約代金を受け取ります。

　ここでは、前記のような、あらかじめ交わされた契約にもとづいて行われる工事（工事契約）に関する会計処理について学習していきます。

● 工事代金を受け取ったときの処理

　請負工事では工事期間が長く、代金も多額になるため、工事の完成前に代金の一部を受け取ることがあります。これは商品売買業では前受金（負債）となるものですが、建設業の場合は前受金ではなく、**未成工事受入金（負債）** という勘定科目で処理します。

　したがって、CASE48の仕訳は次のようになります。

> 未完成の工事にかかる受入金なので、「未成工事受入金」ですね。本質は前受金と同じです。

CASE48の仕訳

（現　　　　金）	1,800	（未成工事受入金）	1,800

CASE 49 工事契約に関する会計処理（建設業会計）

決算時の処理①

これで、全体のどのくらいできたんだろう？

×3年3月31日　今日は決算日。

ゴエモン㈱は、当期に請け負った工事がありますが、まだ完成していません。

このような場合、決算においてどのような処理をするのでしょう？

> **取引** ×3年3月31日（決算日）　当期中に発生した費用は、材料費2,000円、労務費300円、経費100円であった。なお、契約価額（工事収益総額）は30,000円、（見積）工事原価総額は24,000円であり、契約時に受け取った1,800円は未成工事受入金として処理している。この工事は工事進行基準によって処理する。
>
> **用語** **工事収益総額**…工事契約で定められた対価の総額
> **工事原価総額**…工事契約で定められた工事の施工にかかる総原価

工事契約の収益認識

　工事契約に関する収益は、契約した工事の進捗度を合理的に見積ることができる場合は、**一定期間にわたって収益を認識**します。

　また、契約した工事の進捗度を合理的に見積ることができないが、工事を行った際に発生する費用は回収することができると見込まれる場合には、**原価回収基準**で収益を認識します。

　原価回収基準とは、発生した工事原価のうち回収することが見込まれる金額と同額の収益を計上する方法です。

このほかに、取引開始日から工事の完成・引渡日までの期間がごく短期の場合には、完成・引渡しを行った一時点で収益を認識することがあります。（便宜的に、「工事完成基準」とよびます。

工事進行基準

　工事契約に関して、一定期間にわたって収益を認識する場合で、工事の完成・引渡前でも工事の完成度合い（進捗度）を見積ることができるときは、完成度合い（進捗度）に応じて収益を計上するという方法が採用されます。

> 本書ではこの方法を便宜的に「工事進行基準」とよびます。

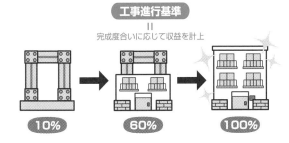

工事進行基準
＝
完成度合いに応じて収益を計上

10% → 60% → 100%

　工事進行基準では、通常、工事期間中に発生するであろう総原価（工事原価総額）のうち、当期にいくらの原価が発生したかによって、工事の進捗度を求めます。

工事進行基準による場合の決算時の処理

(1) 原価発生額の振替え

　工事進行基準による場合も、工事完成基準による場合も、決算において、当期に発生した原価を**未成工事支出金（資産）**という勘定科目に振り替えます。

> 未完成の工事のために支出したお金なので、「未成工事支出金」ですね。本質は工業簿記の仕掛品と同じです。

CASE49　(1)原価発生額の振替仕訳

（未成工事支出金）	2,400	（材　　料　　費）	2,000
		（労　　務　　費）	300
		（経　　　　　費）	100

> 工業簿記で、材料などを消費したときに仕掛品勘定の借方に振り替えましたよね？
> それと同じように考えましょう。

原価比例法よりも
合理的な方法があ
る場合は、その方
法が用いられます
が、学習上は原価
比例法だけおさえ
ておけば大丈夫で
しょう。

(2) 工事収益の計上

　工事進行基準では、決算日に工事の進捗度を見積り、工事の進捗度に工事収益総額を掛けて当期の収益を計上します。

　なお、工事の進捗度は通常、**原価比例法**という方法で計算します。原価比例法とは、当期（まで）に発生した実際工事原価を工事原価総額で割って計算する方法で、計算式を示すと次のとおりです。

$$\text{当期までの工事収益} = \text{工事収益総額} \times \frac{\text{当期までに発生した実際工事原価}}{\text{工事原価総額}}$$

全期間の収益

全期間の原価に対する当期までにかかった原価の割合（＝工事の進捗度）

「当期までの」と
しているのは、2
年目以降（CASE
50）の計算で、当
期までの工事収益
から前期までの工
事収益を差し引い
て当期の収益を計
算するためです。

　以上より、工事進行基準による場合の当期（まで）の工事収益を計算式で表すと次のようになります。

当期の工事収益

当期（まで）に10％の工事が完成したので、10％分の収益を計上します。
なお、CASE49では当期から工事を開始しているので、当期までの工事収益＝当期の工事収益となります。

$$30{,}000\text{円} \times \frac{2{,}000\text{円} + 300\text{円} + 100\text{円}}{24{,}000\text{円}} = 3{,}000\text{円}$$

工事の進捗度＝0.1

　上記の計算式で計算した当期の工事収益は、**完成工事高（収益）** として計上します。

（完成工事高）　3,000

　なお、未成工事受入金が1,800円ある（契約時に1,800円を前受けしている）ので、工事収益の計上にあたって、これを減らします。

（未成工事受入金）　1,800　　（完 成 工 事 高）　3,000

　完成工事高（3,000円）と未成工事受入金（1,800円）の差額
はあとで受け取ることができますが、完成・引渡前で対価を受
け取るのに支払期限以外の条件があるため、**契約資産（資産）**
として処理します。

CASE49　⑵工事収益の計上

（未成工事受入金）　1,800　　（完 成 工 事 高）　3,000
（契 約 資 産）　1,200　◀──[貸借差額]

⑶　工事原価の計上

　工事進行基準では、上記の完成工事高（収益）に対応する原
価を計上するため、⑴の未成工事支出金（資産）を**完成工事原
価（費用）**に振り替えます。

> 完成工事原価は、
> 建設業における売
> 上原価です。

CASE49　⑶工事原価の計上

（完 成 工 事 原 価）　2,400　　（未成工事支出金）　2,400

　以上の⑴から⑶の仕訳が、決算時における工事進行基準の仕
訳です。

CASE49の仕訳

（未成工事支出金）	2,400	（材　　料　　費）	2,000
		（労　　務　　費）	300
		（経　　　　　費）	100
（未成工事受入金）	1,800	（完 成 工 事 高）	3,000
（契 約 資 産）	1,200		
（完 成 工 事 原 価）	2,400	（未成工事支出金）	2,400

工事完成基準による場合の決算時の処理

工事完成基準では、工事が完成し、引き渡したときに完成工事高と完成工事原価を計上します。

したがって、完成・引渡前の期間では、その期間に発生した原価を未成工事支出金に振り替える処理だけ行います。

よって、CASE49を工事完成基準で処理すると次のようになります。

> 工事進行基準の(1)の仕訳と同じです。

（未成工事支出金）	2,400	（材　料　費）	2,000
		（労　務　費）	300
		（経　　　費）	100

工事契約に関する会計処理（建設業会計）

決算時の処理②

けっこう、できてきたね！

×4年3月31日　今日は決算日。

シマハウス㈱から工事を請け負って2回目の決算日を迎えましたが、まだ工事は完成していません。

工事進行基準による場合、2年目である当期の工事収益はどのように計算したらよいのでしょう？

> **取引** ×4年3月31日（決算日）　当期中に発生した費用は材料費6,000円、労務費2,000円、経費4,000円であった。なお、工事収益総額は30,000円、工事原価総額は24,000円であり、前期中に発生した原価合計は2,400円、前期に計上した工事収益は3,000円であった。この工事は工事進行基準（原価比例法）によって処理する。

工事進行基準による場合の2年目の決算時の処理

CASE49で学習したように、工事進行基準では決算時において、(1)**原価発生額の振替え**、(2)**工事収益の計上**、(3)**工事原価の計上**を行います。

会計処理は1年目と同じなので、ここでは2年目（当期）の工事収益の計算方法についてのみ説明します。

工事2年目（当期）の工事収益の計算は、いったん2年目までの工事の進捗度を見積り、2年目までの工事収益を計算します。そして、2年目までの工事収益から1年目の工事収益を差し引いて2年目（当期）の工事収益を計算します。

① 2年目（当期）までの工事収益：

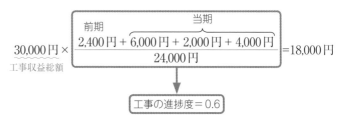

$$30,000円 \times \frac{前期}{2,400円 + 6,000円 + 2,000円 + 4,000円} = 18,000円$$

工事収益総額

工事の進捗度＝0.6

② 2年目（当期）の工事収益：

$$18,000円 - 3,000円 = 15,000円$$

1年目＋2年目　　1年目　　2年目（当期）

　以上より、CASE50の仕訳（工事進行基準）は次のようになります。

CASE50の仕訳

（未成工事支出金）	12,000	（材　　料　　費）	6,000
		（労　　務　　費）	2,000
		（経　　　　　費）	4,000

| （契　約　資　産） | 15,000 | （完　成　工　事　高） | 15,000 |

| （完　成　工　事　原　価） | 12,000 | （未成工事支出金） | 12,000 |

● 工事原価総額が変更された場合

　工事進行基準では、当期までに発生した原価を工事原価総額で割って当期までの工事進捗度を計算します。

　したがって、途中で工事原価総額の変更があった場合には、変更後の工事収益を計算する際の工事進捗度の計算は、変更後の工事原価総額にもとづいて行います。

　たとえば、CASE50で当期に工事原価総額が25,000円に変更された場合（変更前の工事原価総額は24,000円）、当期の工事収益の計算は変更後の25,000円を用いて行います。

① 2年目（当期）までの工事収益：

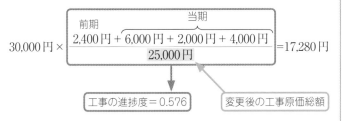

$$30,000 円 \times \dfrac{前期 \quad\quad 当期}{2,400 円 + 6,000 円 + 2,000 円 + 4,000 円}{25,000 円} = 17,280 円$$

工事の進捗度＝0.576　　変更後の工事原価総額

② 2年目（当期）の工事収益：

17,280円 － 3,000円 ＝ 14,280円

1年目＋2年目　　1年目　　2年目（当期）

> 変更前の期間（前期）の工事収益の計算は、工事原価総額の変更の影響を受けません。

● 工事収益総額が変更された場合

> 今度は工事収益総額が変更された場合です。

　建築物の仕様変更により、途中で工事収益総額の変更があった場合にも、変更後の工事収益を計算する際の工事進捗度の計算は、変更後の工事収益総額にもとづいて行います。

　たとえば、CASE50で当期に工事収益総額が40,000円に変更された場合（変更前の工事収益総額は30,000円。工事原価総額は当初の24,000円で変更なし）、当期の工事収益の計算は変更後の40,000円を用いて行います。

① 2年目（当期）までの工事収益：

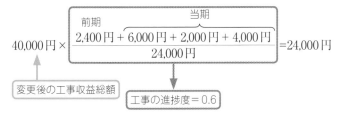

$$40,000 円 \times \dfrac{前期 \quad\quad 当期}{2,400 円 + 6,000 円 + 2,000 円 + 4,000 円}{24,000 円} = 24,000 円$$

変更後の工事収益総額　　工事の進捗度＝0.6

② 2年目（当期）の工事収益：

24,000円 － 3,000円 ＝ 21,000円

1年目＋2年目　　1年目　　2年目（当期）

完成・引渡時の処理

これで
引渡完了！

❓ ×5年2月28日　シマハウス㈱から工事を請け負ったマンションが完成したので、引き渡しました。なお、契約価額（工事収益総額）の残額は来月末に受け取ることにしています。
この場合はどんな処理をするのでしょうか？

取引　×5年2月28日　シマハウス㈱から請け負っていた建物が完成したので、引き渡した。当期中に発生した費用は材料費1,000円、労務費5,600円、経費3,000円であった。この建物の工事収益総額は30,000円、工事原価総額は24,000円である。なお、契約時に受け取った手付金（1,800円）との差額は来月末日に受け取る。また、前期までに発生した原価合計は14,400円、前期までに計上した工事収益は18,000円であった。この工事は工事進行基準によって処理する。

● 工事進行基準による場合の完成・引渡時の処理

　工事が完成し、引き渡しをしたときには、CASE49やCASE50と同様に(1)**原価発生額の振替え**、(2)**工事収益の計上**、(3)**工事原価の計上**を行います。

　ただし、当期の工事収益は、工事収益総額から前期までに計上した工事収益を差し引いて計算します。

　以上より、CASE51の仕訳は次のようになります。

> 完成時の工事進捗度は100%なので、わざわざ工事進捗度を計算しません。

（未成工事支出金）	9,600	（材　料　費）	1,000
		（労　務　費）	5,600
		（経　　　費）	3,000

$$30,000円 - 18,000円 = 12,000円$$
工事収益総額　　前期までに
計上した工事収益

| （完成工事未収入金） | 28,200 | （完 成 工 事 高） | 12,000 |
| | | （契 約 資 産） | 16,200 |

| （完成工事原価） | 9,600 | （未成工事支出金） | 9,600 |

完成した工事に関する未収入金額なので、「完成工事未収入金」ですね。本質は売掛金と同じです。
ちなみに「買掛金」は建設業では「工事未払金」となります。

参考　工事完成基準による場合の完成・引渡時の処理

　工事完成基準では、工事が完成し、引き渡したときに工事収益を計上します。

　なお、各期に発生した原価は未成工事支出金として処理しているので、未成工事支出金を完成工事原価に振り替える処理をします。

　以上より、仮にCASE51を工事完成基準で処理した場合の仕訳は、次のようになります。

（未成工事支出金）	9,600	（材　料　費）	1,000
		（労　務　費）	5,600
		（経　　　費）	3,000

当期に発生した原価を未成工事支出金に振り替える仕訳

手付金

| （未成工事受入金） | 1,800 | （完 成 工 事 高） | 30,000 |
| （完成工事未収入金） | 28,200 | 貸借差額 | |

完成工事高を計上する仕訳

| （完成工事原価） | 24,000 | （未成工事支出金） | 24,000 |

当期までに発生した原価を完成工事原価に振り替える仕訳

14,400円＋9,600円＝24,000円

⇔ 問題編 ⇔
問題37

建設業会計の問題の解き方

工事進行基準に
注目！

日商1級の試験で出題される建設業会計の問題の解き方をみてみましょう。

問題 次の資料にもとづき、工事進行基準と原価回収基準により各期の
工事収益、工事原価、工事利益を計算しなさい。

［資　料］
(1) 工事収益総額45,000円、請負時の工事原価総額30,000円
(2) 実際に発生した原価
　　　　第1期 9,000円　　　　第2期 15,000円　　　　第3期 8,000円
(3) 第2期において工事原価総額を32,000円に変更している。
(4) 工事は第3期に完成し、引き渡しをしている。
(5) 決算日における工事進捗度は、原価比例法により決定する。

A. 工事進行基準の場合

	第1期	第2期	第3期
工事収益	円	円	円
工事原価	円	円	円
工事利益	円	円	円

B. 原価回収基準の場合

	第1期	第2期	第3期
工事収益	円	円	円
工事原価	円	円	円
工事利益	円	円	円

Step 1
問題文の確認

　工事進行基準と原価回収基準による場合の各期の工事収益、工事原価、工事利益を計算する問題です。

Step 2
工事進行基準の場合の計算…A

　第2期において工事原価総額を変更しているので、工事進行基準による場合の第2期の工事収益は、変更後の工事原価総額を用いて計算することに注意しましょう。

(1)　**第1期の工事収益**

$$45,000 円 \times \frac{9,000 円}{30,000 円} = 13,500 円$$

(2)　**第2期の工事収益**

$$45,000 円 \times \frac{9,000 円 + 15,000 円}{32,000 円} = 33,750 円$$

$$33,750 円 - 13,500 円 = 20,250 円$$

(3)　**第3期の工事収益**

$$45,000 円 - (13,500 円 + 20,250 円) = 11,250 円$$

CASE52の解答　A．工事進行基準の場合

	第1期	第2期	第3期
工事収益	13,500円	20,250円	11,250円
工事原価	9,000円	15,000円	8,000円
工事利益	4,500円	5,250円	3,250円

Step 3
原価回収基準の場合の計算…B

　原価回収基準では、第1期と第2期は工事原価と同額の工事収益を計上します。したがって、第1期と第2期の工事利益は0円となります。

	第1期	第2期	第3期
工事収益	9,000円	15,000円	21,000円
工事原価	9,000円	15,000円	8,000円
工事利益	0円	0円	13,000円

45,000円－（9,000円＋15,000円）＝21,000円

工事契約から損失が見込まれる場合の処理

　工事契約期間中に、資材価格の高騰や工事遅延による経費の増加などを原因として、当初見積ったよりも工事原価がかかってしまうことがあります。このような場合、工事原価総額の変更が行われますが、これによって工事原価総額が工事収益総額を上回り、最終的に工事損失が発生することがあります。

　このように工事損失の発生の可能性が高く、かつその金額を合理的に見積ることができる場合には、工事契約の全体から見込まれる工事損失から、当期までに計上した工事損益（工事利益と工事損失）を控除した金額について**工事損失引当金**を計上します。

　そして、工事が完成し、引き渡しをしたときには、計上していた工事損失引当金を取り崩します。

　具体例を使って、工事損失が見込まれたときと、工事が完成し、引き渡しをしたときの処理をみてみましょう。

> つまり、これから計上される工事損失の額です。将来の工事損失だけど発生の可能性が高く、損失額が見積れるなら、工事損失が見込まれたときに計上してしまおう、ということです。

> **例** 次の資料にもとづき、工事進行基準によって各期の処理をし、工事損益を計算しなさい。
>
> (1)　工事収益総額50,000円、請負時の工事原価総額47,500円
> (2)　第2期において工事原価総額を50,500円に変更している。
> 　　また、工事は第3期に完成し、引渡しをする予定である。
> (3)　実際に発生した原価
>
> | | 第1期 | 第2期 | 第3期 |
> |---|---|---|---|
> | 材料費 | 5,000円 | 9,000円 | 3,000円 |
> | 労務費 | 3,000円 | 8,000円 | 7,000円 |
> | 経　費 | 1,500円 | 8,850円 | 5,150円 |
> | 合　計 | 9,500円 | 25,850円 | 15,150円 |
>
> (4)　決算日における工事進捗度は、原価比例法により決定する。

① 第1期の処理

第1期の工事収益総額は50,000円、工事原価総額は47,500円なので、工事損失は見込まれません。したがって、工事損失引当金は計上しません。

（未成工事支出金）	9,500	（材　　料　　費）	5,000
		（労　　務　　費）	3,000
		（経　　　　　費）	1,500

> 当期に発生した原価を未成工事支出金に振り替える仕訳

（契　約　資　産）	10,000	（完 成 工 事 高）	10,000

> 完成工事高を計上する仕訳

$$50,000円 \times \frac{9,500円}{47,500円} = 10,000円$$

（完 成 工 事 原 価）	9,500	（未成工事支出金）	9,500

> 当期の原価を完成工事原価に振り替える仕訳

第1期の工事損益

10,000円 − 9,500円 = 500円（利益）

② 第2期の処理

第2期の工事収益総額は50,000円、工事原価総額は50,500円なので、工事損失が見込まれます。したがって、工事契約の全体から見込まれる工事損失から、当期までに計上した工事損益を控除した金額を**工事損失引当金**として計上します。

なお、工事損失引当金の相手科目は「工事損失引当金繰入」ですが、工事にかかる費用は工事原価として処理するため、**完成工事原価**で処理します。

（未成工事支出金）	25,850	（材　　料　　費）	9,000
		（労　　務　　費）	8,000
		（経　　　　　費）	8,850

> 当期に発生した原価を未成工事支出金に振り替える仕訳

（契　約　資　産）	25,000	（完 成 工 事 高）	25,000

> 完成工事高を計上する仕訳

①$50,000円 \times \dfrac{9,500円 + 25,850円}{50,500円} = 35,000円$

②$35,000円 - 10,000円 = 25,000円$
第1期の工事収益

（完 成 工 事 原 価）	25,850	（未成工事支出金）	25,850

> 当期の原価を完成工事原価に振り替える仕訳

25,000円 − 25,850円 = △850円（損失）

工事損失引当金を
計上する仕訳

（完成工事原価） 150 （工事損失引当金） 150
工事損失引当金繰入

①工事契約全体の損失：50,000円 − 50,500円 = △500円
②これまでに計上した損失：500円 + △850円 = △350円
　　　　　　　　　　　　　第1期　　第2期
③これから見込まれる損失：△500円 − △350円 = △150円

以上より、第2期の工事損益は次のようになります。

第2期の工事損益

25,000円 −（25,850円 + 150円）= △1,000円（損失）

工事損失引当金を
計上したときと逆
の仕訳になりま
す。

③ 第3期の処理

　第3期は工事が完成し、引き渡しているので、第2期に計上した工事損失引当金を取り崩します。なお、このときの相手科目は完成工事原価で処理します。

当期に発生した原
価を未成工事支出
金に振り替える仕
訳

（未成工事支出金） 15,150 （材　　料　　費） 3,000
　　　　　　　　　　　　　　（労　　務　　費） 7,000
　　　　　　　　　　　　　　（経　　　　　費） 5,150

50,000円 −（10,000円 + 25,000円）= 15,000円
　　　　　　　第1期の　　　第2期の
　　　　　　　工事収益　　　工事収益

完成工事高を計上
する仕訳

（完成工事未収入金） 50,000 （完 成 工 事 高） 15,000
　　　　　　　　　　　　　　（契 約 資 産） 35,000

当期の原価を完成
工事原価に振り替
える仕訳

（完 成 工 事 原 価） 15,150 （未成工事支出金） 15,150

工事損失引当金を
取り崩す仕訳

（工 事 損 失 引 当 金） 150 （完 成 工 事 原 価） 150

第3期の工事損益

15,000円 −（15,150円 − 150円）= 0円

　以上より、第1期から第3期までの工事損益合計は△500円（500円 + △1,000円 + 0円）となり、工事契約の全体から生じる損失△500円（50,000円 − 50,500円）と一致します。

⇔ 問題編 ⇔
問題38 〜 41

工事契約に関する会計処理（建設業会計）のまとめ　《一連の流れ》

※**工事進行基準を前提**

<table>
<tr><td>CASE48
工事代金
の受取時</td><td>（現　　　　金）　1,800　（未成工事受入金）　1,800</td></tr>
</table>

CASE49
決算時①

（未成工事支出金）　2,400　（材　　料　　費）　2,000
　　　　　　　　　　　　　　　（労　　務　　費）　　300
　　　　　　　　　　　　　　　（経　　　　　費）　　100

（未成工事受入金）　1,800　（完 成 工 事 高）　3,000
（契　約　資　産）　1,200

（完成工事原価）　2,400　（未成工事支出金）　2,400

工事収益総額や工事原価総額の変更があった場合には変更後の金額を用いて計算します。

当期までの工事収益

$$= 工事収益総額 \times \frac{当期までに発生した実際工事原価}{工事原価総額}$$

CASE50
決算時②

（未成工事支出金）　12,000　（材　　料　　費）　6,000
　　　　　　　　　　　　　　　　（労　　務　　費）　2,000
　　　　　　　　　　　　　　　　（経　　　　　費）　4,000

（契　約　資　産）　15,000　（完 成 工 事 高）　15,000

（完成工事原価）　12,000　（未成工事支出金）　12,000

CASE51
完成・引渡時

（未成工事支出金）　9,600　（材　　料　　費）　1,000
　　　　　　　　　　　　　　　（労　　務　　費）　5,600
　　　　　　　　　　　　　　　（経　　　　　費）　3,000

（完成工事未収入金）28,200　（完 成 工 事 高）　12,000
　　　　　　　　　　　　　　　（契　約　資　産）　16,200

（完成工事原価）　9,600　（未成工事支出金）　9,600

製造業（商品売買業）の勘定科目と建設業の勘定科目

製造業（商品売買業）	建 設 業
売　　　上	完 成 工 事 高
売 上 原 価	完 成 工 事 原 価
仕 　掛 　品	未 成 工 事 支 出 金
売 　掛 　金	完 成 工 事 未 収 入 金
買 　掛 　金	工 事 未 払 金
前 　受 　金	未 成 工 事 受 入 金

補　足

会計学の基礎知識

会計学の基礎について、簡単にみておきましょう。

会計学の基礎知識

企業会計とは

ひとくちに「会計」といっても、企業で行う会計、公官庁で行う会計、家庭で行う会計などさまざまなものがあります。このうち、日商1級では、企業の会計（企業会計）について学習していきます。

「会計」とは、一言でいうと、金銭の収入と支出を記録し、その結果を計算し、報告することです。

財務会計と管理会計

企業会計を「だれのために報告するか」によって分類すると、**財務会計**と**管理会計**に分類することができます。

財務会計は、出資者である株主や債権者など、企業外部の人に企業の財政状態や経営成績を報告するための会計です。これによって、投資家や株主、債権者などが投資の意思決定をしたり、取引をするかどうかを決定するので、財務会計はわかりやすく報告することが求められ、**一定のルールにしたがって計算すること**が求められます。

1級商業簿記・会計学で学習する内容は財務会計です。

一方、**管理会計**は経営者や経営管理者など、企業内部の人に報告するための会計です。これによって、経営者や経営管理者が経営方針を決めたり、計画を策定するため、管理会計は**実用的**であることが求められます。

管理会計は主に原価計算で学習する内容です。

● 会計公準

　会計公準とは、企業が会計を行ううえでの基礎的前提をいいます。会計公準には、(1)**企業実体の公準**、(2)**継続企業の公準**、(3)**貨幣的評価の公準**の3つがあります。

(1)　企業実体の公準

　企業実体の公準とは、企業は経営者のものでも、株主のものでもなく、1つの独立したものであり、この独立した1つの単位として会計を行うという前提をいいます。

(2)　継続企業の公準

　継続企業の公準とは、企業は解散や清算を予定しておらず、永遠に活動するものであるという前提をいいます。

　したがって、会計を行うには、永遠に続く全期間を1年や半年、四半期に区切る必要があることを意味します。

(3)　貨幣的評価の公準

　貨幣的評価の公準とは、企業の活動はすべて貨幣額によって計算するという前提をいいます。

もちろん、途中で事業がどうにもならなくて解散することもありますが、そもそも企業は解散することを前提に活動をしていない、ということですね。

企業会計原則

企業会計原則とは

　企業会計原則は、たとえほかの法律に決められていなくても、すべての企業が会計処理を行うにあたって守らなければいけないルールです。

> **企業会計原則の設定について**
> 　企業会計原則は、企業会計の実務の中に慣習として発達したもののなかから一般に公正妥当と認められたところを要約したものであって、必ずしも法令によって強制されないでも、すべての企業がその会計を処理するに当って従わなければならない基準である。

　企業会計原則は、**一般原則、損益計算書原則、貸借対照表原則**の3つで構成されています。このうち、基本的でかつ1級の学習上、必要なものについて以下で説明します。

（吹き出し）実務の中で慣習とされていたものをまとめたものだから、守れないわけはないですよね、ということですね。

一般原則

　一般原則は、損益計算書や貸借対照表に共通する基本的なルールを示しており、具体的には次の7つの原則があります。

一般原則

(1) 真実性の原則　　　　　(5) 継続性の原則

(2) 正規の簿記の原則　　　(6) 保守主義の原則

(3) 資本と利益の区別の原則　(7) 単一性の原則

(4) 明瞭性の原則

---

(1) 真実性の原則

　真実性の原則では、企業の財政状態、経営成績について真実な報告をすることを要請しています。

　この真実性の原則は、ほかの6つの一般原則よりも上位に位置する最も根本的なルールです。

　また、ここでいう「真実」とは、絶対的な真実ではなく、**相対的な真実**を意味します。

　たとえば、固定資産の減価償却方法には、定額法や定率法がありますが、定額法を採用するか定率法を採用するかによって、結果として計算される金額は異なります。

> [例] 当期首において取得した備品（取得原価1,000円、耐用年数5年、残存価額0円、定率法の償却率0.5）を減価償却する。

　定額法の場合の減価償却費：1,000円 ÷ 5年 = 200円
　定率法の場合の減価償却費：1,000円 × 0.5 = 500円

　このように1つの会計事実（備品の減価償却）について、複数の会計処理（定額法、定率法）が認められるときは、どちらの会計処理方法を採用したかによって、計算結果（金額）は異なりますが、その採用した方法で正しく処理していれば、どちらの金額も真実であると認められます。これを**相対的真実**といいます。

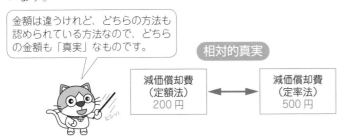

金額は違うけれど、どちらの方法も認められている方法なので、どちらの金額も「真実」なものです。

相対的真実

減価償却費（定額法）200円 ⟷ 減価償却費（定率法）500円

(2) 正規の簿記の原則

> **一般原則　二**
> 　企業会計は、すべての取引につき、正規の簿記の原則に従って、正確な会計帳簿を作成しなければならない。

　正規の簿記の原則では、正確な会計帳簿の作成と、その会計帳簿にもとづいて財務諸表を作成することを要請しています。

　このように、会計帳簿にもとづいて財務諸表を作成することを**誘導法による財務諸表の作成**といいます。

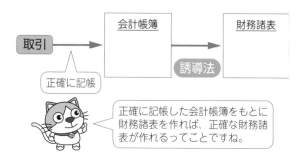

　企業会計は、決められた会計処理方法によって正確な計算をすべきですが、そもそも財務会計の目的は企業外部の人に企業の情報を提供することです。したがって、重要性の低いものについては本来の厳密な会計処理によらないで、ほかの簡便な会計処理によることも認められており、この場合も正規の簿記の原則にしたがった処理として認められます。

　このように、重要性の高いものには厳密な会計処理、表示方法によることを要請するとともに、重要性の低いものは簡便な会計処理、表示方法によることを認めるという原則を**重要性の原則**といいます。

重要性の原則は一般原則には入っていませんが、大切な原則なのでしっかり覚えておきましょう。

(3) 資本と利益の区別の原則

> **一般原則　三**
> 　資本取引と損益取引とを明瞭に区別し、特に資本剰余金と利益剰余金とを混同してはならない。

　資本と利益の区別の原則では、資本取引（資本金、資本剰余

金が増減する取引）と損益取引（収益、費用が増減する取引）
を明確に区別することを要請しています。

(4) 明瞭性の原則

> **一般原則　四**
> 　企業会計は、財務諸表によって、利害関係者に対し、必
> 要な会計事実を明瞭に表示し、企業の状況に関する判断を
> 誤らせないようにしなければならない。

　明瞭性の原則では、財務諸表の利用者が企業の状況に関して
誤った判断をしないように、明瞭な財務諸表を作成することを
要請しています。
　なお、「明瞭」とは、**わかりやすい表示方法で財務諸表を作
成することと、財務諸表を作成するのにあたって採用した会計
処理の原則や手続きを明らかにすること**をいいます。

① 表示に関する明瞭性（形式的明瞭性）
　表示に関する明瞭性とは、財務諸表の様式や財務諸表を一定
の区分に分けて表示することなど、形式に関する明瞭性をいい
ます。

> **表示に関する明瞭性**
> ・損益計算書や貸借対照表は一定の様式による
> ・損益計算書や貸借対照表は一定の区分に分けて表示する
> ・損益計算書や貸借対照表には、総額で表示する

② 内容に関する明瞭性（実質的明瞭性）
　内容に関する明瞭性とは、財務諸表に記載された金額がどの
ような会計処理方法により計算されたものであるのかを財務諸
表に**注記**して開示することなど、内容に関する明瞭性をいいま
す。

> 内容に関する明瞭性
> ・重要な会計方針の注記
> ・重要な後発事象の注記

(a) 重要な会計方針

会計方針とは、会計処理の原則および手続きをいい、これらのうち重要なものは財務諸表に注記しなければなりません。

［注記］
(1) 重要な会計方針
　①有形固定資産の減価償却方法について、建物は定額法、備品は定率法によっている。
　　　　　　　　　　　　　　　　　　　　　：

(b) 重要な後発事象

後発事象とは、貸借対照表日（決算日）以後に生じた事象をいい、後発事象のうち次期以降の財政状態や経営成績に重要な影響を及ぼすもの（重要な後発事象）は、財務諸表に注記します。

［注記］
(2) 重要な後発事象
　　×2年4月8日に発生した大規模な地震により、主力工場が倒壊したため、次期の生産能力は約30％低下する見込みである。

決算は決算日（３月31日）後に行うので、財務諸表の作成は通常、決算日から約１～２か月後です。

重要な後発事象
当期の財務諸表
に注記

(5) 継続性の原則

> **一般原則　五**
>
> 　企業会計は、その処理の原則及び手続を毎期継続して適用し、みだりにこれを変更してはならない。

　継続性の原則では、１つの会計事実に対して複数の会計処理の原則や手続きがある場合、ある会計処理の原則や手続きをいったん採用したら、原則として毎期継続して適用することを要請しています。

　ただし、会計に関する法令の変更や企業の大規模な経営方針の変更など、正当な理由がある場合の変更は認められます。

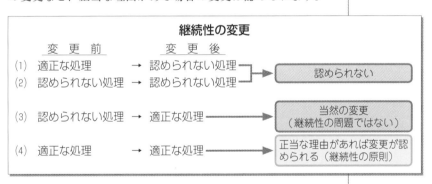

　継続性の原則が必要とされる理由のひとつに、**利益操作を排除**することがあります。

　たとえば、固定資産の減価償却方法について定額法と定率法が認められる場合、定額法で計算した減価償却費と定率法で計算した減価償却費は異なります。したがって、継続性の原則がなければ、当期に費用を多く計上したい場合にはいずれか減価

償却費が多くなる方法を採用し、次期に費用を少なく計上したい場合にはいずれか減価償却費が少なくなる方法を採用するということが意図的にできてしまいます。

また、第1期は定率法を採用し、第2期は定額法を採用するなど、各期の条件が異なると、第2期の利益が増えていたからといって、必ずしも業績が良くなったということはできません。

このように**期間比較を可能とするためにも**継続性の原則が必要とされるのです。

(6) 保守主義の原則

> **一般原則 六**
> 　企業の財政に不利な影響を及ぼす可能性がある場合には、これに備えて適当に健全な会計処理をしなければならない。

保守主義の原則では、予想される将来の危険性に備えて慎重な会計処理をすることを要請しています。

配当や税金の支払いは利益にもとづいて行われるため、利益が多く計上されるほど、企業から現金が流出することになります。

$$\boxed{収　益} - \boxed{費　用} = \boxed{利　益} \nearrow \boxed{配　当} \searrow \boxed{税　金}$$

したがって、同一の事象について、利益が小さくなるような会計処理をしたほうが現金の流出を抑えられ、企業財政が健全なものとなります。このように利益が小さくなるような会計処理（費用が大きくなるような会計処理）を適用したり、不確かな収益を計上しないようにすることは、保守的な会計処理といえます。

なお、いくら保守的な会計処理が望ましいといっても、貸倒引当金の額を見積額よりも相当多めに計上するなど、**過度の保守主義は認められません**。

過度の保守主義は、もはや、真実性の原則に反してしまいます。

(7) 単一性の原則

> **一般原則　七**
> 　株主総会提出のため、信用目的のため、租税目的のため
> 等種々の目的のために異なる形式の財務諸表を作成する必
> 要がある場合、それらの内容は、信頼しうる会計記録に基
> づいて作成されたものであって、政策の考慮のために事実
> の真実な表示をゆがめてはならない。

　単一性の原則では、目的によって財務諸表の表示形式が異な
ることはあっても、それらの財務諸表を作成する際の会計記録
はひとつでなければならないことを要請しています。

> 要するに二重帳簿
> を禁止しているわ
> けですね。

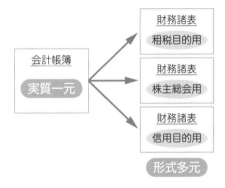

損益計算書原則

損益計算書原則は、損益計算書の作成にかかる原則です。そのうち、特に基本となる原則についてみておきましょう。

損益計算書の基本原則

(1) 費用収益対応の原則（損益計算書の本質）
(2) 収支額基準（収益・費用の計上基準）
(3) 発生主義の原則（費用の認識基準）
(4) 実現主義の原則（収益の認識基準）
(5) 総額主義の原則（金額の表示基準）
(6) 費用収益対応表示の原則（項目の表示基準）

(1) 費用収益対応の原則

> **損益計算書原則 一**
> 　損益計算書は、企業の経営成績を明らかにするため、一会計期間に属するすべての収益とこれに対応するすべての費用とを記載して経常利益を表示し、これに特別損益に属する項目を加減して当期純利益を表示しなければならない。

損益計算書の目的（本質）は経営成績を明らかにするため、一会計期間の収益からその収益を獲得するために費やした費用を差し引いて当期純利益を計算することです。

このように、一会計期間の収益とその収益を獲得するために費やした費用を対応させて当期純利益を計算することを**費用収益対応の原則**といいます。

なお、費用と収益の対応形態には、個別的対応と期間的対応の2つがあります。

たとえば、原価100円の商品を150円で売り上げた場合、損益計算書には売上（収益）150円とそれに対応する売上原価（100円）が計上されます。このように商品というモノを媒介として収益と費用が対応する形態を**個別的対応**といいます。

一方、売上（収益）を獲得するために必要な営業所の減価償

却費（費用）は、一会計期間に生じた金額が損益計算書に計上されます。また、受取利息（収益）や支払利息（費用）も一会計期間に生じた金額が損益計算書に計上されます。このように、一会計期間という期間を媒介として収益と費用が対応する形態を**期間的対応**といいます。

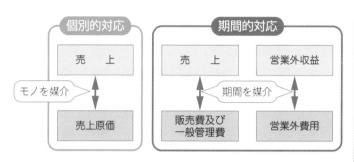

(2) 収支額基準

> **損益計算書原則　―A**
> 　すべての費用及び収益は、その支出及び収入に基づいて計上し、…

収益や費用を「いくら」で計上するかを「測定」といいます。

　収益や費用は、収入額または支出額にもとづいて計上します。なお、ここでいう収入額または支出額には当期の収入額または支出額だけでなく、過去および将来の収入額または支出額を含みます。

たとえば、未収利息は、収入はまだありません（将来の収入です）が、当期の収益として計上しますよね。

(3)　**発生主義の原則、** (4)　**実現主義の原則**

> **損益計算書原則　―A**
> 　すべての費用及び収益は、その支出及び収入に基づいて計上し、その**発生した**期間に正しく割り当てられるように処理しなければならない。ただし、**未実現収益**は、原則として当期の損益計算に計上してはならない。

　発生主義の原則とは、収益や費用は発生した期間に計上することを要請する原則をいいます。ここで、「発生」とは、収益の場合は企業活動によって経済価値が増加することをいい、費

用の場合は企業活動によって経済価値が減少することをいいます。

たとえば、木材（材料）から雑貨（商品）を作って販売する場合、木材（材料）を使うことによって材料費（費用）が発生したことになります。

また、材料から商品である雑貨が少しずつ作られていくので、収益が少しずつ発生することになります。このように収益の場合は、企業活動によって少しずつ発生しますが、雑貨（商品）が完成したからといって売れるかどうか（収益が確実に計上されるかどうか）はわかりません。

現在では、実現主義の原則に優先して収益認識に関する会計基準が適用されます。

そこで、収益については、発生した価値が明確（収益が確実）で客観的になったときに計上するという**実現主義の原則**が適用されます。

ここで、「発生した価値が明確で客観的になったとき」とは、商品をお客さんに販売したとき、つまり①**財貨または用役を提供し、かつ、②対価として現金または現金等価物を受け取ったとき**をいいます。

「実現」の２要件
①財貨または用役の提供
　　　　かつ
②現金または現金等価物の受け取り

収益や費用を「いつ」計上するかを「認識」といいます。

なお、**費用収益対応の原則**により、費用については一会計期間に発生したもののうち実現主義によって認識された収益に対応する金額が、当期の損益計算書に計上されるということになります。

(5) 総額主義の原則

損益計算書原則　－Ｂ
　費用及び収益は、総額によって記載することを原則とし、費用の項目と収益の項目とを直接に相殺することによってその全部又は一部を損益計算書から除去してはならない。

総額主義の原則では、原則として収益や費用は総額で計上することを要請しています。ただし、売買目的有価証券の評価損と評価益は相殺して表示するなどの例外もあります。

(6) 費用収益対応表示の原則

> **損益計算書原則　一C**
> 　費用及び収益は、その発生源泉に従って明瞭に分類し、各収益項目とそれに関連する費用項目とを損益計算書に対応表示しなければならない。

費用収益対応表示の原則では、費用と収益を発生した理由別に分類して、各収益項目とそれに関連する費用項目を損益計算書に対応表示することを要請しています。

具体的には、次のように、営業損益計算、経常損益計算、純損益計算の区分を設けて表示します（**区分表示の原則**）。

```
              損益計算書
        自×1年4月1日　至×2年3月31日
   Ⅰ　売　　上　　高　　　　××
   Ⅱ　売　上　原　価　　　　××
        売 上 総 利 益　　　　××
   Ⅲ　販売費及び一般管理費　　××
        営　業　利　益　　　　××
   Ⅳ　営　業　外　収　益　　　××
   Ⅴ　営　業　外　費　用　　　××
        経　常　利　益　　　　××
   Ⅵ　特　別　利　益　　　　　××
   Ⅶ　特　別　損　失　　　　　××
        税引前当期純利益　　　　××
        法　人　税　等　　　　××
        当　期　純　利　益　　　××
```

営業損益計算　／　経常損益計算　／　純損益計算

● 貸借対照表原則

　貸借対照表原則は、貸借対照表の作成にかかる原則です。そのうち、特に基本となる原則についてみておきましょう。

貸借対照表の基本原則

(1)　貸借対照表完全性の原則（貸借対照表の本質）
(2)　総額主義の原則（金額の表示基準）
(3)　区分表示の原則（項目の表示基準）
(4)　取得原価主義の原則（資産の評価原則）
(5)　費用配分の原則（資産の評価原則）

---

(1)　貸借対照表完全性の原則

貸借対照表原則　一

　貸借対照表は、企業の財政状態を明らかにするため、貸借対照表日におけるすべての資産、負債及び純資産（資本）を記載し、株主、債権者その他の利害関係者にこれを正しく表示するものでなければならない。ただし、正規の簿記の原則に従って処理された場合に生じた簿外資産及び簿外負債は、貸借対照表の記載外におくことができる。

　貸借対照表の目的（本質）は財政状態を明らかにするため、貸借対照表日（決算日）におけるすべての資産、負債及び純資産（資本）を表示することです。これを**貸借対照表完全性の原則**といいます。

　なお、正規の簿記の原則では、重要性の低いものについては本来の厳密な会計処理によらないで簡便な会計処理によることを認めています。その結果、実際に存在する資産や負債であっても帳簿に記載されない資産や負債（**簿外資産**や**簿外負債**）が生じることがあります。このように、正規の簿記の原則にしたがって処理した結果生じた簿外資産や簿外負債については、貸借対照表完全性の原則でも認めています。

⑵ 総額主義の原則

> **貸借対照表原則　一B**
> 　資産、負債及び純資産（資本）は、総額によって記載することを原則とし、資産の項目と負債又は純資産（資本）の項目とを相殺することによって、その全部又は一部を貸借対照表から除去してはならない。

　総額主義の原則では、原則として資産、負債、純資産（資本）を総額で計上することを要請しています。ただし、例外として債権と債務を相殺して記載するものもあります。

⑶ 区分表示の原則

> **貸借対照表原則　二**
> 　貸借対照表は、資産の部、負債の部及び純資産（資本）の部の三区分に分ち、さらに資産の部を流動資産、固定資産及び繰延資産に、負債の部を流動負債及び固定負債に区分しなければならない。

> **貸借対照表原則　四（一）B**
> 　固定資産は、有形固定資産、無形固定資産及び投資その他の資産に区分しなければならない。

> **貸借対照表原則　四（二）**
> 　負債は流動負債に属する負債と固定負債に属する負債とに区別しなければならない。

　なお、貸借対照表の勘定科目は、通常は現金化しやすいものから順に並べます。これを**流動性配列法**といいます。

　しかし、固定資産を多く所有している企業では、現金化しにくいものから順に並べるという**固定性配列法**によることもあります。

必ず流動性配列法によらなければならないというわけではありません。

> **貸借対照表原則　三**
> 　資産及び負債の配列は、原則として、流動性配列法によるものとする。

以上より、貸借対照表の形式を示すと次のようになります。

貸 借 対 照 表	
×2年3月31日	
資 産 の 部	負 債 の 部
Ⅰ　流 動 資 産	Ⅰ　流 動 負 債
Ⅱ　固 定 資 産	Ⅱ　固 定 負 債
1．有形固定資産	純資産の部
2．無形固定資産	
3．投資その他の資産	（省略）
Ⅲ　繰 延 資 産	

(4)　取得原価主義の原則

> **貸借対照表原則　五**
> 　貸借対照表に記載する資産の価額は、原則として、当該資産の取得原価を基礎として計上しなければならない。

ただし、売買目的有価証券など、期末時価によって評価するものもあります。

　取得原価主義の原則とは、貸借対照表に記載する資産は、原則として取得原価にもとづいて評価することを要請する原則です。

(5)　費用配分の原則

> **貸借対照表原則　五**
> 　資産の取得原価は、資産の種類に応じた費用配分の原則によって、各事業年度に配分しなければならない。有形固定資産は、当該資産の耐用期間にわたり、定額法、定率法等の一定の減価償却の方法によって、その取得原価を各事業年度に配分し、無形固定資産は、当該資産の有効期間にわたり、一定の減価償却の方法によって、その取得原価を各事業年度に配分しなければならない。繰延資産についても、これに準じて、各事業年度に均等額以上を配分しなければならない。

費用配分の原則とは、取得原価主義によって計上された資産の取得原価を、各会計期間に費用として配分することを要請する原則です。

　たとえば、取得原価100円で仕入れた商品を当期中に販売した場合は、その原価100円が売上原価（費用）として損益計算書に計上されますが、当期中に販売しなかった場合には、商品（資産）として貸借対照表に計上されます。

　また、取得原価1,000円の備品は、減価償却により取得原価のうち一部（たとえば200円）が費用として損益計算書に計上され、残額（800円）は備品（資産）として貸借対照表に計上されます。

記帳方法が間接法の場合は、備品1,000円と減価償却累計額200円が計上されますが、帳簿価額は800円ですね。

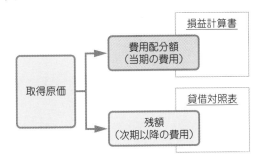

問題編

問題42 ～ 46

問題編

マークの意味

基本 応用 …基本的な問題

基本 応用 …応用的な問題

解答用紙あり …解答用紙がある問題

別冊の解答用紙をご利用ください。
※仕訳問題の解答用紙が必要な方は、
仕訳シート（別冊の最終ページ）を
ご利用ください。

第1章　損益計算書の基礎

問題 1　損益計算書の形式 解答用紙あり　　解答…P34 基本 応用

次の勘定科目と金額をもとに、損益計算書を完成させなさい。

減 価 償 却 費	153,000円	固定資産売却損	81,000円
雑　　　　　費	14,400円	通　信　費	27,000円
支 払 利 息	5,300円	仕　入　割　引	6,700円
株式交付費償却	22,500円	有 価 証 券 利 息	5,400円
有価証券評価損	4,500円	貸倒引当金繰入	8,100円*
雑　　　　　損	4,200円	保　険　差　益	7,200円

＊　受取手形および売掛金にかかるものである。

第2章　一般商品売買

問題 2　一般商品売買 解答用紙あり　　解答…P35 基本 応用

次の［資料］にもとづき、損益計算書（経常利益まで）を完成させなさい。

［資料1］

決算整理前残高試算表　　（単位：円）

繰 越 商 品	75,000	売　　　　上	326,250
仕　　　入	250,000	仕　入　戻　し	6,250
販売費及び一般管理費	30,000	仕　入　割　戻	27,500
支 払 利 息	2,500	仕　入　割　引	1,250

［資料2］
期末商品帳簿棚卸高　　55,000円

次の［資料］にもとづき、損益計算書（経常利益まで）を完成させなさい。

［資料1］

決算整理前残高試算表		（単位：円）	
繰　越　商　品	10,000	売　　　　　上	362,500
仕　　　　　入	250,000		
販売費及び一般管理費	30,000		
支　払　利　息	12,500		

［資料2］
(1) 期末商品帳簿棚卸高　　57,500円
(2) 仕入勘定から仕入戻し6,250円、仕入割戻18,750円、仕入割引2,500円が控除されている。

第3章　期末商品の評価

問題 **4** 期末商品の評価 解答用紙あり 解答…P37

次の［資料］にもとづき、損益計算書（営業利益まで）を完成させなさい。

［資料1］

決算整理前残高試算表		（単位：円）
繰 越 商 品 81,900	売 上	182,000
仕 入 121,100		

［資料2］

期末帳簿棚卸高　560個　@100円（原価）

期末実地棚卸高

　良　　品　525個　@ 98円（正味売却価額）

　品質低下品　 28個　@ 60円（正味売却価額）

棚卸減耗費については販売費及び一般管理費に表示し、商品評価損は売上原価の内訳科目として表示する。

次の［資料］にもとづき、損益計算書（経常利益まで）を完成させなさい。

［資料1］

決算整理前残高試算表 （単位：円）

繰 越 商 品	102,000	売	上	941,600
仕 入	707,400			
支 払 利 息	1,600			

［資料2］

(1) 仕入勘定から仕入戻し9,600円、仕入割戻4,000円、仕入割引4,800円が控除されている。

(2) 期末商品帳簿棚卸高は次のとおりである。

期末帳簿棚卸高 1,080個 @ ？円

期末実地棚卸高

良 品 1,048個 @ 98円（正味売却価額）

品質低下品 24個 @ 55円（正味売却価額）

棚卸減耗費については販売費及び一般管理費に表示し、商品評価損は売上原価の内訳科目として表示する。

(3) 当期の売上原価率は75％である。

次の［資料］にもとづき、売価還元法による損益計算書（売上総利益まで）と貸借対照表（一部）を完成させなさい。

［資料］

	原　　価	売　　価
期 首 商 品 棚 卸 高	475,200円	660,000円
当 期 仕 入 高	1,512,000円	
原 始 値 入 額		648,000円
期 中 値 上 額		70,000円
同 取 消 額		10,000円
期 中 値 下 額		150,000円
同 取 消 額		30,000円
当 期 売 上 高		2,040,000円
期 末 商 品 実 地 棚 卸 高		600,000円
期 末 商 品 正 味 売 却 価 額		425,000円

当社は期末商品の評価に売価還元低価法を採用している。次の［資料］にもとづき、(A)商品評価損を計上する方法と(B)商品評価損を計上しない方法によって、損益計算書（売上総利益まで）と貸借対照表（一部）を完成させなさい。

［資　料］

	原　　価	売　　価
期首商品棚卸高	708,750円	834,750円
当期仕入高	6,851,250円	
原始値入額		1,902,600円
期中値上額		531,900円
同取消額		40,500円
期中値下額		738,900円
同取消額		108,900円
当期売上高		8,582,400円
期末商品実地棚卸高		831,600円

問題 8　売価還元法 解答用紙あり　　　　　　　　解答…P45　**基本** 応用

　当社は期末商品の評価に売価還元低価法（商品評価損を計上する方法）を採用している。次の［資料］にもとづき、損益計算書（経常利益まで）と貸借対照表（一部）を完成させなさい。

［資料1］

決算整理前残高試算表　　（単位：円）

繰越商品	304,800	売上	1,443,300
仕　入	1,139,400	仕入戻し	18,000
支払利息	18,000	仕入割戻	31,560
		仕入割引	16,900

［資料2］

(1)　商品の売価に関する資料

期首商品売価	350,520円	原始値入額	312,000円
期中値上額	47,520円	値上取消額	11,880円
期中値下額	54,000円	値下取消額	9,300円
期末商品実地売価	291,000円		

(2)　棚卸減耗費については販売費及び一般管理費に表示し、商品評価損は売上原価の内訳科目として表示する。

問題 9　商品の期末評価と売価還元法 解答用紙あり　解答…P47　**基本** 応用

　次の文章について、正しいと思うものには○印を、正しくないと思うものには×印をつけて、×印をつけたものについてはその理由を簡潔に記述しなさい。

(1)　先入先出法は実際のものの流れに一致しない方法である。

(2)　企業会計原則では、棚卸資産の単価計算として、個別法、先入先出法、平均原価法、最終仕入原価法などの方法を認めている。

(3)　通常の販売目的で保有する商品の期末における正味売却価額が、取得原価よりも低下している場合に生じる評価損は原則として売上原価として処理する。

9

第4章　総記法

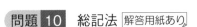

問題 **10**　総記法 解答用紙あり　　　　　　　解答…P47 基本 応用

　次の［資料］にもとづき、損益計算書（一部）と貸借対照表（一部）を完成させなさい。

［資料1］決算整理前残高試算表（一部）

決算整理前残高試算表　　（単位：円）

商　　品		22,500

［資料2］
　(1)　当期商品仕入高は77,000円である。
　(2)　期末商品帳簿棚卸高は3,000円である。なお、棚卸減耗費（販売費及び一般管理費に表示）が200円発生している。
　(3)　利益率（売上高利益率）は25％である。

問題 **11**　売上原価対立法　　　　　　　　　　解答…P48 基本 応用

　次の一連の取引について、売上原価対立法によって仕訳しなさい。
　(1)　商品5,000円を仕入れ、代金は掛けとした。
　(2)　商品（原価4,000円、売価4,800円）を売り上げ、代金は掛けとした。
　(3)　決算日を迎えた。期首商品棚卸高は1,000円、期末商品棚卸高は2,000円であった。

第5章　収益認識に関する会計基準

問題 12 収益認識に関する会計基準 解答用紙あり 解答…P48 基本 応用

次の文章の空欄を埋めなさい。

収益認識に関する会計基準では、次の5つのステップにしたがって収益を認識する。

ステップ1：（　①　）との（　②　）を識別

ステップ2：（　②　）における（　③　）を識別

ステップ3：（　④　）を算定

ステップ4：（　②　）における（　③　）に（　④　）を配分

ステップ5：（　③　）を（　⑤　）にまたは充足するにつれて収益を認識

問題 13 売上割戻 解答…P48 基本 応用

次の［取引］について仕訳しなさい。

［取　引］

当社は、商品120,000円を掛けで販売した。なお、取引の対価について割戻しを行う可能性が高く割戻額は2,400円と見積られた。

問題 14 返品権付き販売 解答…P49 基本 応用

次の一連の取引について仕訳しなさい。なお、商品売買の会期処理は売上原価対立法による。

(1) 当社は、商品を1個あたり500円（原価1個あたり400円）で100個掛けで販売した。この契約では販売後1か月間は返品を受け入れており、全額返金に応じているため、当社が受け取る対価は変動対価に該当する。そして、当社は、販売した商品のうち96個は返品されないと見積った。

(2) 販売した商品のうち4個が返品され、代金は掛けから控除した。

次の［資料］にもとづき、①商品の販売時、②当期末の利息の調整（利息法）の仕訳をしなさい。

［資　料］

当社は、当期首において、商品を現金販売価格400,000円に、年利4％、期間2年の金利相当額を加算した432,640円で販売し、代金は約束手形を受け取った。この契約には、重要な金融要素が含まれている。

次の［取引］について仕訳しなさい。なお、商品売買の会期処理は売上原価対立法による。

［取　引］

当社は、仕入先より商品の販売を請け負っており、店舗に商品を陳列し、販売を行っている。また、当社は、店舗への商品納品時には検収を行わず、店舗にある商品の所有権は仕入先が保有しているため、この契約における当社の立場は代理人であると判断した。当社は、得意先に商品を50,000円（掛けによる仕入値35,000円）で販売し、代金を現金で受け取った。

次の一連の取引について、税抜方式により仕訳しなさい。

(1)　商品1,000円を仕入れ、代金は消費税100円とともに現金で支払った。
(2)　商品4,000円を売り上げ、代金は消費税400円とともに現金で受け取った。
(3)　決算につき、仮払消費税と仮受消費税を相殺し、消費税の納付額を計算した。
(4)　上記(3)の消費税の納付額を現金で納付した。

解答…P50 基本 応用

問題 18 発行商品券

次の一連の取引について仕訳しなさい。

(1) 当社は、自社で発行した商品券100,000円を販売し現金を受け取った。なお、商品券の非行使部分を過去の実績等から10,000円と見積った。

(2) 当社は、商品54,000円を販売し同額の自社発行商品券を受け取った。

(3) 決算日を迎えた。当社は、将来企業が権利を得ると見込まれる非行使部分10,000円について、顧客による権利行使のパターンと比例的に収益を認識する。

問題 19 役務収益、役務原価

次の一連の取引について仕訳しなさい。

(1) 来月から開講する講座（受講期間1年）の受講料20,000円を現金で受け取った。

(2) 来月から開講予定の講座の教材作成費等12,000円を現金で支払った。全額について仕掛品勘定で処理する。

(3) 決算日を迎えた。決算日現在、講座の4割が終了している。なお、当社ではカリキュラムが終了した部分について収益を計上する方法を採用している。

第6章　委託販売

問題 20　委託販売　　　　　　　　　　　　解答…P50　基本 応用

　次の一連の取引の仕訳をしなさい。なお、売上原価の算定は期末に一括して行う。

(1)　商品100,000円を仕入れ、代金は掛けとした。
(2)　商品60,000円を委託先に積送した。
(3)　積送品（売価80,000円）が販売された。

問題 21　委託販売 解答用紙あり　　　　　　　解答…P51　基本 応用

　次の〔資料〕にもとづき、下記の各問に答えなさい。

〔資料1〕当期首のデータ
(1)　期首手許商品　180,000円（原価）
(2)　期首積送品　30,000円（原価）

〔資料2〕期中取引
(1)　商品1,530,000円を掛けで仕入れた。
(2)　商品390,000円（原価）を受託者に積送した。
(3)　積送品のうち原価378,000円（売価540,000円）が販売された旨の報告を受けた。
(4)　商品（原価1,080,000円）を得意先に1,350,000円で掛け販売した。

〔資料3〕決算整理事項
(1)　期末手許商品　240,000円（原価）
(2)　期末積送品　42,000円（原価）

問1　(A)その都度法と(B)期末一括法によった場合の決算整理前残高試算表（一部）を作成しなさい。
問2　損益計算書（一部）、貸借対照表（一部）を作成しなさい。

14

次の［資料］にもとづき、損益計算書（一部）と貸借対照表（一部）を作成しなさい。

［資料１］決算整理前残高試算表（一部）

決算整理前残高試算表　　　（単位：円）

繰 越 商 品	396,000	一 般 売 上	1,815,000
積 送 品	88,000	積送品売上	525,250
仕 入	1,950,000		

［資料２］決算整理事項
(1)　期末手許商品棚卸高は？円である。
(2)　委託販売は前期から行っており、期首積送品は30,000円であった。
(3)　積送品の売上原価は販売のつど、仕入勘定に振り替える方法によっている。
(4)　一般販売の原価率は80％であり、積送品は一般販売の10％増しで販売している（毎期一定）。

次の［資料］にもとづき、損益計算書（一部）と貸借対照表（一部）を作成しなさい。

［資料１］決算整理前残高試算表（一部）

決算整理前残高試算表　　　（単位：円）

繰 越 商 品	264,600	一 般 売 上	1,212,000
積 送 品	294,000	積送品売上	369,600
仕 入	882,000		

［資料２］決算整理事項
(1)　期末手許商品棚卸高は？円である。
(2)　委託販売は前期から行っており、期首積送品は42,000円であった。
(3)　積送品の売上原価は期末に一括して仕入勘定に振り替える方法によっている。
(4)　一般販売の原価率は70％であり、積送品は一般販売の10％増しで販売している（毎期一定）。

次の［資料］にもとづき、損益計算書（一部）と貸借対照表（一部）を作成しなさい。

［資料１］決算整理前残高試算表（一部）

決算整理前残高試算表 （単位：円）

繰 越 商 品	144,000	一 般 売 上	660,000
積 送 品	160,000	積 送 品 売 上	184,000
仕 入	464,000		
支 払 利 息	8,000		

［資料２］決算整理事項

(1) 仕入勘定から仕入戻し12,000円、仕入割引16,000円が控除されている。

(2) 委託販売は当期より開始しており、期末に一括して売上原価を仕入勘定に振り替える方法によっている。

(3) 一般販売の原価率は80％である。なお、積送品は一般販売の15％増しで販売している。

次の［取引］にもとづき、(A)発送時の積送諸掛は積送品原価に加算し、受託者側で発生した積送諸掛は積送品売上と相殺する方法によった場合と(B)積送諸掛はすべて積送諸掛勘定で処理する方法によった場合の仕訳を示し、解答用紙に示した勘定の金額（決算整理後残高試算表の金額）を答えなさい。

ただし、積送品の売上原価は期末に一括して仕入勘定に振り替える方法によっている。

［取　引］

(1) 商品168,000円（原価@336円、500個）を掛けで仕入れた。

(2) 商品168,000円（原価@336円、500個）を積送し、発送運賃7,000円は現金で支払った。

(3) 上記(2)の積送品のうち350個が販売され、受託者から次の報告を受けた。

仕　切　精　算　書		
売　　上　　高（350個）		175,000円
諸　　掛　　り		
引　取　費（350個）	7,700円	
発　送　費（350個）	7,000円	
手　数　料（350個）	8,750円	23,450円
手　取　金		151,550円

(4) 上記(2)の積送品のうち150個が期末において未販売である。積送諸掛勘定で処理している積送諸掛のうち、未販売の積送品に対するものを次期分の費用とする。なお、積送品の売上原価を仕入勘定に振り替える仕訳も行うこと。

第7章　試用販売

解答…P60

問題 26　試用販売

　次の一連の取引の仕訳をしなさい。なお、売上原価の算定は販売のつど行い、手許商品と区別する方法による。
(1)　商品100,000円を仕入れ、代金は掛けとした。
(2)　商品60,000円（売価72,000円）を試用販売のため得意先に試送した。
(3)　得意先から当期に試送した商品10,000円（売価12,000円）が返品された。
(4)　前期に試送した商品40,000円（売価52,000円）と当期に試送した商品50,000円（売価60,000円）について買い取る旨の連絡を受けた。

問題 27　試用販売

解答…P61

　次の一連の取引の仕訳をしなさい。なお、対照勘定法により処理すること（対照勘定は試用仮売上と試用販売契約を用いること）。
(1)　商品200,000円を仕入れ、代金は掛けとした。
(2)　商品180,000円（売価216,000円）を試用販売のため得意先に試送した。
(3)　得意先から当期に試送した商品40,000円（売価48,000円）が返品された。
(4)　前期に試送した商品100,000円（売価120,000円）と当期に試送した商品140,000円（売価168,000円）について買い取る旨の連絡を受けた。

次の［資料］にもとづき、損益計算書（一部）と貸借対照表（一部）を作成しなさい。

［資料1］決算整理前残高試算表（一部）

決算整理前残高試算表 （単位：円）

繰 越 商 品	46,800	一 般 売 上	900,000
試 用 品	14,400	試 用 品 売 上	135,000
仕 入	804,600		

［資料2］決算整理事項
(1) 期首試用品は3,600円である。
(2) 試用品の売上原価は販売のつど仕入勘定に振り替えている。
(3) 一般販売の売上原価は80%であり、試用品は一般販売の20%増しで販売している。

次の［資料］にもとづき、損益計算書（一部）と貸借対照表（一部）を作成しなさい。

［資料1］決算整理前残高試算表（一部）

決算整理前残高試算表 （単位：円）

繰 越 商 品	225,000	一 般 売 上	900,000
試 用 品	202,500	試 用 品 売 上	225,000
仕 入	675,000		

［資料2］決算整理事項
(1) 期首試用品は21,000円である。
(2) 期末手許商品は？円、期末試用品は45,000円である。
(3) 一般販売と試用販売の原価率は同じである。

次の［資料］にもとづき、損益計算書（一部）と貸借対照表（一部）を作成しなさい。

［資料１］決算整理前残高試算表（一部）

決算整理前残高試算表 （単位：円）

売 掛 金	410,760	貸 倒 引 当 金	2,800
繰 越 商 品	64,400	一 般 売 上	1,293,600
試 用 品	8,400	試 用 品 売 上	92,400
試 用 販 売 契 約	46,200	試 用 仮 売 上	46,200
仕 入	1,068,900		

［資料２］決算整理事項等

(1) 決算日に試用品9,240円（売価）について、得意先から買取りの意思表示を受けたが、未処理である。

(2) 期末手許商品帳簿棚卸高は77,000円、実地棚卸高は75,600円である。なお、棚卸減耗費は販売費及び一般管理費に表示する。

(3) 期末商品の時価は手許商品、試用品ともに原価の２％低下している。なお、商品評価損は売上原価の内訳科目に表示する。

(4) 試用品は毎期一般売上の10％増しで販売している。

(5) 売上債権期末残高に対して２％の貸倒引当金を差額補充法により設定する。

次の［資料］にもとづき、損益計算書（一部）を作成しなさい。

［資料1］決算整理前残高試算表（一部）

決算整理前残高試算表 （単位：円）

繰 越 商 品	32,400	一 般 売 上	?
積 送 品	3,600	積 送 品 売 上	135,000
試 用 品	9,900	試 用 品 売 上	?
仕 入	497,700		

［資料2］決算整理事項等
(1) 当社は一般販売のほかに委託販売と試用販売を行っている。売価は販売形態にかかわらず1個あたり@30円である。
(2) 委託販売については、積送時に仕入勘定から積送品勘定に振り替え、顧客に販売したときに積送品勘定から仕入勘定に振り戻している。当期中の積送高は5,250個、期中の販売分は5,400個であり、期中の返品はなかった。また、積送品売上は売上計算書の手取額で売掛金に計上する方法によっている。
(3) 試用販売については、委託販売と同様に試送時に仕入勘定から試用品勘定に振り替え、買取意思表示時と返品時に試用品勘定から仕入勘定に振り戻している。当期中の試送高は3,600個、期中の買取意思表示分は3,200個、期中返品到着分は300個であった。なお、返品の通知を受けたが、決算日現在未到着のため未処理となっているものが100個あった。
(4) 当期の仕入数量は27,600個であり、仕入単価は前期・当期ともに同一である。
(5) 期末手許商品棚卸高は1,950個、期末積送品棚卸高は？個、期末試用品棚卸高は？個である。なお、棚卸減耗費は生じていない。

第8章　割賦販売

問題 32　割賦販売 解答用紙あり　　　　　　　　　　解答…P71 基本 応用

次の［資料］にもとづき、期中仕訳を示すとともに、決算整理前残高試算表（一部）を完成させなさい。なお、売価と現金販売価格との差額は利息として処理する。また、利息は定額法により回収時に配分する。

［資料1］期首試算表（一部）

期 首 試 算 表		（単位：円）	
売　掛　金	330,000	買　掛　金	396,000
繰 越 商 品	72,600		

［資料2］期中取引
(1) 商品682,000円を掛けで仕入れた。
(2) 商品396,000円を掛けで売り上げた。
(3) 商品500,000円（現金販売価格400,000円）を10回分割で割賦販売した。
(4) 割賦代金100,000円（利息相当額20,000円）を現金で回収した。

問題 33　割賦販売　　　　　　　　　　　　　　　　　解答…P71 基本 応用

次の［取引］にもとづき、商品を取り戻したときの仕訳をしなさい。

［取　引］
割賦売掛金期首残高450,000円のうち60,000円が回収不能となったため、商品（評価額30,000円）を取り戻した。なお、貸倒引当金を1,800円設定している。

第9章 その他の商品売買形態

問題 34 予約販売

解答…P72 **基本** 応用

次の一連の取引の仕訳をしなさい。

(1) 新潟出版株式会社は図鑑（1巻1,000円、全12巻）の予約販売を企画したところ、申し込みがあり、予約金12,000円を現金で受け取った。

(2) 新潟出版株式会社は図鑑（全12巻）の第1巻が完成したので予約者に発送した。

問題 35 未着品販売

解答…P72 **基本** 応用

次の一連の取引の仕訳をしなさい。

(1) 群馬商会は沖縄物産に注文した商品20,000円の船荷証券を受け取り、代金は掛けとした。

(2) 先に購入していた船荷証券15,000円につき、商品が到着したので、船荷証券と引き換えに商品を引き取った。なお、その際にかかった引取費用500円は現金で支払った。

(3) 先に購入していた船荷証券5,000円を埼玉商会に6,000円で転売し、代金は掛けとした。なお、これにともなう売上原価は仕入勘定に振り替える。

次の一連の取引について神奈川商事の仕訳をしなさい。なお、勘定科目は次の中からもっとも適当なものを選ぶこと。

現　　　金　　当 座 預 金　　売 掛 金　　受取手数料　　受 託 販 売

(1)　神奈川商事は東京商事から委託された商品（販売価額8,000円）を受け取った。なお、受託品を保管するための倉庫料180円を現金で支払った。

(2)　神奈川商事は(1)の商品8,000円を販売し、代金は掛けとした。なお、その際発送費用120円を現金で支払った。

(3)　神奈川商事は東京商事に次の売上計算書を送付し、販売手数料800円を計上した。

売 上 計 算 書		
売　上　代　金		8,000円
諸　　掛　　り		
発　送　費	120円	
倉　庫　料	180円	
販 売 手 数 料	800円	1,100円
手　取　額		6,900円

(4)　神奈川商事は手取額6,900円を当座預金口座から支払った。

第10章 工事契約に関する会計処理（建設業会計）

問題 37 工事契約に関する会計処理　　解答…P73　基本 応用

　次の一連の取引を、工事進行基準によって仕訳しなさい。なお、工事進行基準における決算日の工事進捗度は、原価比例法により決定すること。

(1) 相沢建設㈱は、×１年８月１日にビルの建設（完成予定は×２年11月30日）を2,850,000円で請け負い、契約時に手付金として200,000円を小切手で受け取った。

(2) ×２年３月31日　決算日を迎えた。当期中に発生した費用は、材料費340,000円、労務費430,000円、経費130,000円であった。なお、工事原価総額は2,250,000円である。

(3) ×２年11月30日　ビルが完成し、引き渡しが完了した。引渡時に契約金の残額2,650,000円を小切手で受け取った。なお、当期中に発生した費用は、材料費580,000円、労務費495,000円、経費275,000円であった。

問題 38 工事契約に関する会計処理 解答用紙あり　解答…P73　基本 応用

　次の［資料］にもとづき、工事進行基準を採用した場合の各期における工事収益、工事原価、工事利益を計算しなさい。なお、決算日における工事進捗度は原価比例法により決定すること。

［資　料］
(1) 当社は第１期において契約価額400,000円（工事収益総額）の工事を請け負い、着工した。この工事は第３期に完成し、引き渡しが行われた。
(2) 工事原価総額（見積額）は契約時から300,000円で変更はなかった。
(3) 各期末までに発生した原価累計額は次のとおりであった。

	第１期	第２期	第３期
発生原価累計額	60,000円	179,250円	300,000円

工事契約に関する会計処理 解答用紙あり　　解答…P74　基本 応用

当社は当期（×1年4月1日から×2年3月31日）に事業を開始し、次の4つの工事（各工事はそれぞれ異なる顧客からの受注である）を契約にもとづき着工した。工事進行基準にしたがった場合、解答用紙に示した当期末の貸借対照表項目の金額を答えなさい。なお、工事進行基準における決算日の工事進捗度は原価比例法により決定すること。

（単位：円）

工事	契約にもとづく工事収益総額	入　金　額	発　生　原　価	工事原価総額
A	1,500,000	825,000	600,000	600,000
B	3,000,000	900,000	1,020,000	2,550,000
C	1,250,000	850,000	600,000	1,000,000
D	1,200,000	150,000	400,000	500,000
合計	6,950,000	2,725,000	2,620,000	4,650,000

＊　当期に完成し、引き渡した工事はA工事のみである。

問題 40 **工事契約に関する会計処理** 解答用紙あり　　解答…P75　基本 応用

次の［資料］にもとづき、工事進行基準を採用した場合の各期における工事収益、工事原価、工事利益を計算しなさい。

［資　料］
(1)　工事契約の施工者である当社は、第1期にダムの建設（建設期間は3年）について契約を締結した。契約で取り決めた当初の工事収益総額は600,000円であり、工事原価総額の当初見積額は540,000円である。
(2)　第1期末において、工事原価総額の見積額は546,000円に変更した。
(3)　第2期末において、ダムの仕様変更があり、工事収益総額を630,000円とする契約条件の変更が決定した。また、当該変更により工事原価が18,000円増加すると見積られる。
(4)　当社は決算日における工事進捗度を原価比例法により決定している。なお、各期に発生した工事原価は次のとおりである。

	第1期	第2期	第3期
当期に発生した工事原価	136,500円	269,580円	157,920円

＊　当該工事は第3期に完成し、引き渡しが完了した。

次の［資料］にもとづき、工事進行基準を採用した場合の各期における仕訳をし、工事損益、工事損失引当金を計算しなさい。なお、各期の工事損益が損失の場合は金額の前に△をつけること。

勘定科目：材料費、労務費、経費、完成工事原価、完成工事高、
　　　　　未成工事支出金、完成工事未収入金、契約資産、工事損失引当金

［資　料］
(1) 工事契約の施工者である当社は、第1期にダムの建設（建設期間は3年）について契約を締結した。契約で取り決めた当初の工事収益総額は750,000円であり、工事原価総額の当初見積額は712,500円である。
(2) 第1期末と第2期末において、工事原価総額の見積額はそれぞれ720,000円、787,500円に増加した。ただし、工事収益総額の変更はなかった。
(3) 当社は決算日における工事進捗度を原価比例法により決定している。なお、各期に発生した工事原価は次のとおりである。

	第1期	第2期	第3期
材　料　費	90,000円	111,100円	50,000円
労　務　費	81,000円	130,000円	84,000円
経　　　費	30,600円	140,050円	70,750円
合　　　計	201,600円	381,150円	204,750円

＊　当該工事は第3期に完成し、引き渡しが完了した。

補足　会計学の基礎知識

問題 42　企業会計原則 解答用紙あり　　　　　解答…P78 基本 応用

次の規定の空欄を埋めなさい。

企業会計原則　第一　一般原則

一　企業会計は、企業の財政状態及び（　①　）に関して、（　②　）な報告を提供
　するものでなければならない。

二　企業会計は、すべての取引につき、（　③　）に従って、正確な会計帳簿を作成
　しなければならない。

三　資本取引と損益取引とを明瞭に区別し、特に（　④　）と（　⑤　）とを混同し
　てはならない。

四　企業会計は、財務諸表によって、利害関係者に対し必要な会計事実を（　⑥　）
　に表示し、企業の状況に関する（　⑦　）を誤らせないようにしなければならな
　い。

五　企業会計は、その処理の原則及び手続を（　⑧　）して適用し、みだりにこれを
　変更してはならない。

六　企業の財政に（　⑨　）な影響を及ぼす可能性がある場合には、これに備えて適
　当に健全な会計処理をしなければならない。

七　株主総会提出のため、信用目的のため、租税目的のため等種々の目的のために異
　なる形式の財務諸表を作成する必要がある場合、それらの内容は、信頼しうる
　（　⑩　）に基づいて作成されたものであって、政策の考慮のために事実の
　（　②　）な表示をゆがめてはならない。

　次の文章の下線部分について、正しいと思うものには○印を、正しくないと思うものには×印をつけ、×印をつけたものについてはその理由を簡潔に記述しなさい。

(1)　真実性の原則でいうところの「真実」は「絶対的真実」をいう。

(2)　正規の簿記の原則は、正確な会計帳簿の作成とそれにもとづく財務諸表の作成、すなわち棚卸法による財務諸表の作成を要請している。

(3)　後発事象とは、貸借対照表日後に発生した事象なので、たとえそれが次期以後の財政状態および経営成績に重大な影響を及ぼすものであったとしても、当期の財務諸表には何も記載しない。

(4)　企業会計上、継続性の原則が問題となるのは、一つの会計事実に対して複数の会計処理の原則または手続きの選択適用が認められている場合である。

(5)　保守主義の原則からいうと、費用は過度に多く計上することが望ましい。

(6)　株主総会提出用の財務諸表と信用目的用の財務諸表の形式が異なることは単一性の原則に反するものである。

次の規定の空欄を埋めなさい。

企業会計原則　第二　損益計算書原則（一部）

（損益計算書の本質）

一　損益計算書は、企業の（　①　）を明らかにするため、一会計期間に属するすべての（　②　）とこれに（　③　）するすべての費用とを記載して経常利益を表示し、これに特別損益に属する項目を加減して（　④　）を表示しなければならない。

⋮

B　費用及び収益は、（　⑤　）によって記載することを原則とし、費用の項目と収益の項目とを直接に（　⑥　）することによってその全部又は一部を損益計算書から除去してはならない。

C　費用及び収益は、その発生源泉に従って明瞭に分類し、各収益項目とそれに関連する費用項目とを損益計算書に（　⑦　）しなければならない。

（損益計算書の区分）

二　損益計算書には、（　⑧　）計算、（　⑨　）計算及び（　⑩　）計算の区分を設けなければならない。

次の規定の空欄を埋めなさい。

企業会計原則　第三　貸借対照表原則（一部）

（貸借対照表の本質）

一　貸借対照表は、企業の（　①　）を明らかにするため、貸借対照表日におけるすべての（　②　）、（　③　）及び純資産（資本）を記載し、株主、債権者その他の利害関係者にこれを正しく表示するものでなければならない。ただし、（　④　）に従って処理された場合に生じた（　⑤　）及び（　⑥　）は、貸借対照表の記載外におくことができる。

（貸借対照表の区分）

二　貸借対照表は、（　②　）の部、（　③　）の部及び純資産の部（資本の部）の三区分に分ち、さらに（　②　）の部を（　⑦　）、（　⑧　）及び（　⑨　）に、（　③　）の部を（　⑩　）及び（　⑪　）に区分しなければならない。

（貸借対照表の配列）

三　（　②　）及び（　③　）の項目の配列は、原則として、（　⑫　）によるものとする。

（資産の貸借対照表価額）

五　貸借対照表に記載する資産の価額は、原則として、当該資産の（　⑬　）を基礎として計上しなければならない。

　　資産の（　⑬　）は、資産の種類に応じた（　⑭　）によって、各事業年度に配分しなければならない。

　次の文章について、正しいと思うものには○印を、正しくないと思うものには×印をつけ、×印をつけたものについてはその理由を簡潔に記述しなさい。

⑴　収益および費用は収入および支出にもとづいて計上するが、ここでいう「収入」と「支出」は「当期の収入」と「当期の支出」のみを意味する。

⑵　費用収益対応の原則とは、発生主義により認識した費用のうち、期間実現収益に対応する費用を当期の期間費用とする原則をいう。

問題編

解答・解説

損 益 計 算 書

自×1年4月1日　至×2年3月31日　　（単位：円）

I	売　　上　　高		2,880,000
II	売　上　原　価		2,160,000
	［売 上 総 利 益］		720,000
III	販売費及び一般管理費		
	1．給　　　　　料	120,200	
	2．支 払 保 険 料	8,900	
	3．［減 価 償 却 費］	（　153,000）	
	4．［雑　　　　　費］	（　14,400）	
	5．［通　　信　　費］	（　27,000）	
	6．［貸倒引当金繰入］	（　8,100）	（　331,600）
	［営 業 利 益］		（　388,400）
IV	営 業 外 収 益		
	1．［仕　入　割　引］	（　6,700）	
	2．［有価証券利息］	（　5,400）	（　12,100）
V	営 業 外 費 用		
	1．［支　払　利　息］	（　5,300）	
	2．［株式交付費償却］	（　22,500）	
	3．［有価証券評価損］	（　4,500）	
	4．［雑　　　　　損］	（　4,200）	（　36,500）
	［経 常 利 益］		（　364,000）
VI	特 別 利 益		
	1．［保　険　差　益］		（　7,200）
VII	特 別 損 失		
	1．［固定資産売却損］		（　81,000）
	税 引 前 当 期 純 利 益		（　290,200）
	法人税、住民税及び事業税		116,000
	当 期 純 利 益		（　174,200）

損 益 計 算 書
自×1年4月1日　至×2年3月31日　（単位：円）

Ⅰ　売　　上　　高		(	326,250)
Ⅱ　売　上　原　価			
1．期首商品棚卸高	(75,000)		
2．当期商品仕入高	(216,250)		
合　　　　計	(291,250)		
3．期末商品棚卸高	(55,000)	(	236,250)
売 上 総 利 益		(	90,000)
Ⅲ　販売費及び一般管理費			
1．販売費及び一般管理費		(	30,000)
営 業 利 益		(	60,000)
Ⅳ　営 業 外 収 益			
1．[仕　入　割　引]		(	1,250)
Ⅴ　営 業 外 費 用			
1．[支　払　利　息]		(	2,500)
経 常 利 益		(	58,750)

解説 ....●

　損益計算書の当期商品仕入高は、総仕入高から仕入戻し、仕入割戻を差し引いた金額を計上します。

当期商品仕入高：250,000円 −（6,250円 + 27,500円）= 216,250円

損 益 計 算 書

自×1年4月1日　至×2年3月31日　（単位：円）

I　売　　上　　高 （　　　362,500）

II　売　上　原　価
　　1．期首商品棚卸高 （　　　10,000）
　　2．当期商品仕入高 （　　252,500）
　　　　合　　　　計 （　　262,500）
　　3．期末商品棚卸高 （　　　57,500） （　　205,000）
　　　　売 上 総 利 益 （　　157,500）

III　販売費及び一般管理費
　　1．販売費及び一般管理費 （　　　30,000）
　　　　営　業　利　益 （　　127,500）

IV　営　業　外　収　益
　　1．[仕　入　割　引] （　　　2,500）

V　営　業　外　費　用
　　1．[支　払　利　息] （　　　12,500）
　　　　経　常　利　益 （　　117,500）

解説 ....●

仕入割引は営業外収益として処理するので、仕入勘定から控除しません。

当期商品仕入高：250,000円＋ 2,500円 ＝ 252,500円
　　　　　　　　　　　　　　　仕入割引

損 益 計 算 書
自×1年4月1日 至×2年3月31日 （単位：円）

I 売 上 高 （ 182,000）
II 売 上 原 価
　1．期首商品棚卸高 （ 81,900）
　2．当期商品仕入高 （ 121,100）
　　　合　　　計 （ 203,000）
　3．期末商品棚卸高 （ 56,000）
　　　差　　　引 （ 147,000）
　4．[商 品 評 価 損] （❶ 2,170） （ 149,170）
　　　売 上 総 利 益 （ 32,830）
III 販売費及び一般管理費
　1．[棚 卸 減 耗 費] （ 700）
　　　営 業 利 益 （ 32,130）

> 商品評価損を加算する前の売上原価

> 商品評価損を加算した後の売上原価

解説

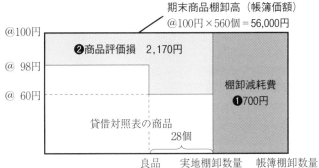

期末商品棚卸高（帳簿価額）
@100円×560個＝56,000円

@100円
❷商品評価損　2,170円
@ 98円
@ 60円
棚卸減耗費
❶700円
貸借対照表の商品
28個
良品　　実地棚卸数量　帳簿棚卸数量
525個　　553個　　　　560個

❶棚卸減耗費：@100円×（560個－553個）＝700円
❷商品評価損（良　　　品）：（@100円－@98円）×525個＝1,050円
　　　　　　（品質低下品）：（@100円－@60円）× 28個＝1,120円
　　　　　　　　　　　　　　　　　　　　　　　　　　2,170円

損 益 計 算 書

自×1年4月1日 至×2年3月31日 （単位：円）

I 売 上 高 （ 941,600）

II 売 上 原 価

　1．期首商品棚卸高 （ 102,000）

　2．当期商品仕入高 （ 712,200）

　　合　　計 （ 814,200）

　3．期末商品棚卸高 （ 108,000）

　　差　　引 （ 706,200）

　4．[商 品 評 価 損] （ 3,176） （ 709,376）

　　売 上 総 利 益 （ 232,224）

III 販売費及び一般管理費

　1．[棚 卸 減 耗 費] （ 800）

　　営 業 利 益 （ 231,424）

IV 営 業 外 収 益

　1．[仕 入 割 引] （ 4,800）

V 営 業 外 費 用

　1．[支 払 利 息] （ 1,600）

　　経 常 利 益 （ 234,624）

解説 ....●

　決算整理前残高試算表（前T/B）の仕入勘定から仕入割引が控除されています。したがって、この金額を前T/Bの仕入勘定に加算した金額が損益計算書上の金額となります。

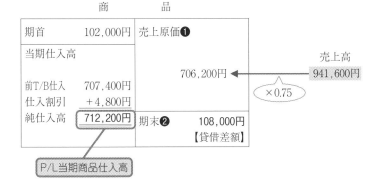

●売 上 原 価：941,600円 × 0.75 = 706,200円
❷期末商品棚卸高：102,000円 + 712,200円 − 706,200円 = 108,000円

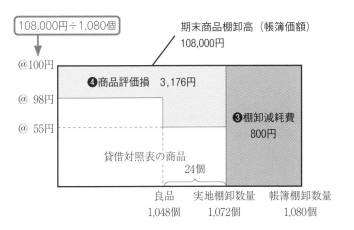

❸棚 卸 減 耗 費：@100円 ×（1,080個 − 1,072個）= 800円
❹商 品 評 価 損（良　　　品）：（@100円 − @98円）× 1,048個 = 2,096円
　　　　　　　　（品質低下品）：（@100円 − @55円）×　　24個 = <u>1,080円</u>
　　　　　　　　　　　　　　　　　　　　　　　　　　　　　　　<u>3,176円</u>

損 益 計 算 書

自×1年4月1日　至×2年3月31日　（単位：円）

Ⅰ　売　上　高　　　　　　　　　　　（　2,040,000）

Ⅱ　売　上　原　価

1．期首商品棚卸高　　（　　　475,200）

2．当期商品仕入高　　（　1,512,000）

　　　合　　　計　　（　1,987,200）

3．期末商品棚卸高　　（　　　518,400）

　　　差　　　引　　（　1,468,800）

4．棚 卸 減 耗 費　　（❶　　86,400）

5．商 品 評 価 損　　（❶　　7,000）（　1,562,200）

　　　売 上 総 利 益　　　　　　　　　（　　477,800）

貸 借 対 照 表　　　　（単位：円）

商　　　品（　425,000）

　ボックス図を作って、❶売価還元法による原価率、❷期末商品帳簿売価、❸期末商品帳簿原価、❹期末商品実地原価、❺棚卸減耗費、❻商品評価損を計算します。

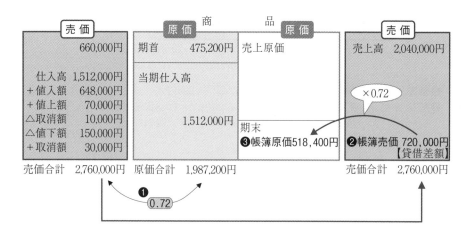

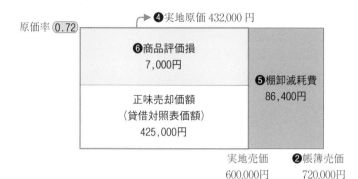

●原 価 率：$\dfrac{1{,}987{,}200\,円}{2{,}760{,}000\,円}=0.72$

●期末商品帳簿売価：$\underset{\text{売価合計}}{2{,}760{,}000\,円}-\underset{\text{売上高}}{2{,}040{,}000\,円}=720{,}000\,円$

●期末商品帳簿原価：$720{,}000\,円\times0.72=518{,}400\,円$ ←P/L 期末商品棚卸高

●期末商品実地原価：$\underset{\text{実地売価}}{600{,}000\,円}\times0.72=432{,}000\,円$

●棚 卸 減 耗 費：$(720{,}000\,円-600{,}000\,円)\times0.72=86{,}400\,円$

●商 品 評 価 損：$\underset{\text{●実地原価}}{432{,}000\,円}-\underset{\text{正味売却価額}}{425{,}000\,円}=7{,}000\,円$

(A) 商品評価損を計上する方法

損 益 計 算 書
自×1年4月1日 至×2年3月31日 （単位：円）

I 売 上 高			(8,582,400)
II 売 上 原 価			
1．期首商品棚卸高	(708,750)		
2．当期商品仕入高	(6,851,250)		
合 計	(7,560,000)		
3．期末商品棚卸高	(694,080)		
差 引	(6,865,920)		
4．棚 卸 減 耗 費	(28,800)		
5．商 品 評 価 損	(41,580)	(6,936,300)	
売 上 総 利 益		(1,646,100)	

貸 借 対 照 表 （単位：円）

商 品 (623,700)	

(B) 商品評価損を計上しない方法

損 益 計 算 書
自×1年4月1日 至×2年3月31日 （単位：円）

I 売 上 高			(8,582,400)
II 売 上 原 価			
1．期首商品棚卸高	(708,750)		
2．当期商品仕入高	(6,851,250)		
合 計	(7,560,000)		
3．期末商品棚卸高	(650,700)		
差 引	(6,909,300)		
4．棚 卸 減 耗 費	(27,000)		
5．商 品 評 価 損	(0)	(6,936,300)	
売 上 総 利 益		(1,646,100)	

貸 借 対 照 表 （単位：円）

商 品 (623,700)	

(A) 商品評価損を計上する方法

売価還元低価法を採用している場合で、商品評価損を計上する方法のときは、期末商品実地売価に売価還元原価法による原価率と売価還元低価法による原価率の差を掛けた金額を商品評価損として計上します。

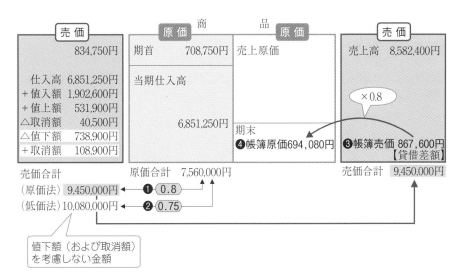

❶原 価 法 原 価 率： $\dfrac{7,560,000\,円}{9,450,000\,円} = 0.8$

❷低 価 法 原 価 率： $\dfrac{7,560,000\,円}{10,080,000\,円} = 0.75$

❸期末商品帳簿売価：$\underline{9,450,000\text{円}} - \underline{8,582,400\text{円}} = 867,600\text{円}$
　　　　　　　　　　売価合計　　　売上高

❹期末商品帳簿原価：$867,600\text{円} \times 0.8 = 694,080\text{円}$　←P/L 期末商品棚卸高

❺期末商品実地原価：$\underline{831,600\text{円}} \times 0.8 = 665,280\text{円}$
　　　　　　　　　実地売価

❻棚　卸　減　耗　費：$(867,600\text{円} - 831,600\text{円}) \times 0.8 = 28,800\text{円}$

❼商　品　評　価　損：$(0.8 - 0.75) \times 831,600\text{円} = 41,580\text{円}$

(B)　商品評価損を計上しない方法

　売価還元低価法を採用している場合で、商品評価損を計上しない方法のときは、売価還元低価法による原価率のみを使って期末商品棚卸高、棚卸減耗費、貸借対照表の商品の金額を計算します。

低価法原価率 0.75

❶帳簿原価 650,700円

貸借対照表価額
$831,600\text{円} \times 0.75$
$= 623,700\text{円}$

❷棚卸減耗費
27,000円

実地売価　　　帳簿売価
831,600円　　867,600円

❶期末商品帳簿原価：$867,600\text{円} \times 0.75 = 650,700\text{円}$　←P/L 期末商品棚卸高

❷棚　卸　減　耗　費：$(867,600\text{円} - 831,600\text{円}) \times 0.75 = 27,000\text{円}$

損 益 計 算 書
自×1年4月1日 至×2年3月31日 （単位：円）

Ⅰ 売 上 高 （ 1,443,300）
Ⅱ 売 上 原 価
　1．期首商品棚卸高 （ 304,800）
　2．当期商品仕入高 （ 1,089,840）
　　　合　　　計 （ 1,394,640）
　3．期末商品棚卸高 （ 240,000）
　　　差　　　引 （ 1,154,640）
　4．[商 品 評 価 損] （ 5,820） （ 1,160,460）
　　　売 上 総 利 益 （ 282,840）
Ⅲ 販売費及び一般管理費
　1．[棚 卸 減 耗 費] （ 7,200）
　　　営 業 利 益 （ 275,640）
Ⅳ 営 業 外 収 益
　1．[仕 入 割 引] （ 16,900）
Ⅴ 営 業 外 費 用
　1．[支 払 利 息] （ 18,000）
　　　経 常 利 益 （ 274,540）

貸 借 対 照 表 （単位：円）
商　　　品（ 226,980）

解説 ●●●

　売価還元法による原価率を計算する際の当期仕入高（原価）からは、仕入戻し、仕入割戻を控除します。

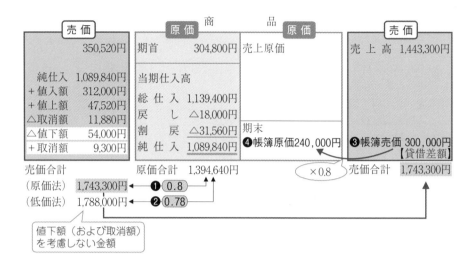

❶原 価 法 原 価 率：$\dfrac{1,394,640\text{円}}{1,743,300\text{円}} = 0.8$

❷低 価 法 原 価 率：$\dfrac{1,394,640\text{円}}{1,788,000\text{円}} = 0.78$

❸期末商品帳簿売価：$\underset{\text{売価合計}}{\underline{1,743,300\text{円}}} - \underset{\text{売上高}}{\underline{1,443,300\text{円}}} = 300,000\text{円}$

❹期末商品帳簿原価：$300,000\text{円} \times 0.8 = 240,000\text{円}$　←P/L 期末商品棚卸高

❺期末商品実地原価：$\underset{\text{実地売価}}{\underline{291,000\text{円}}} \times 0.8 = 232,800\text{円}$

❻棚 卸 減 耗 費：$(300,000\text{円} - 291,000\text{円}) \times 0.8 = 7,200\text{円}$

❼商 品 評 価 損：$(0.8 - 0.78) \times 291,000\text{円} = 5,820\text{円}$

	○または×	×の場合の理由
(1)	×	先入先出法は実際のものの流れに一致する方法である。
(2)	×	企業会計原則では、最終仕入原価法は認めていない。
(3)	○	

解答 10

損 益 計 算 書

（単位：円）

I　売　　上　　高 　　　　　　　　　　（　　102,000）
II　売　上　原　価
　　1．期首商品棚卸高 　　（　　　2,500）
　　2．当期商品仕入高 　　（　　77,000）
　　　　合　　　　計 　　　（　　79,500）
　　3．期末商品棚卸高 　　（　　　3,000）　　（　　76,500）
　　　　売　上　総　利　益 　　　　　　　　（　　25,500）
III　販売費及び一般管理費
　　1．棚　卸　減　耗　費 　　（　　　　200）

貸 借 対 照 表　　　（単位：円）

商　　　　　品（　　　2,800）

解説 ....●

(1)　決算整理仕訳
　①　商品売買益の算定と振り替え
　　（商　　　　　品）　　25,500　　（商 品 売 買 益）　　25,500*
　　　＊　3,000円＋22,500円＝25,500円
　②　棚卸減耗費の振り替え
　　（棚 卸 減 耗 費）　　200　　（商　　　　　品）　　200

(2)　売上高の計算
　　売上高：$\dfrac{25,500円}{0.25}＝102,000円$

(3) 期首商品棚卸高の計算

商　　　　品

期首❸	2,500円	売上原価❷	
【貸借差額】		76,500円	
当期仕入高			
	77,000円	期末	3,000円

売上高　102,000円

原価率❶　0.75

❶原　価　率：1 − 0.25 = 0.75
❷売　上　原　価：102,000円 × 0.75 = 76,500円
❸期首商品棚卸高：76,500円 + 3,000円 − 77,000円 = 2,500円

解答 11

	借　方　科　目	金　　額	貸　方　科　目	金　　額
(1)	商　　　　品	5,000	買　掛　金	5,000
(2)	売　掛　金	4,800	売　　上	4,800
	売　上　原　価	4,000	商　　品	4,000
(3)	仕　訳　な　し			

解答 12

①	顧客
②	契約
③	履行義務
④	取引価格
⑤	充足したとき

解答 13

借　方　科　目	金　　額	貸　方　科　目	金　　額
売　掛　金	120,000	売　　上	117,600*
		返　金　負　債	2,400

＊　120,000円 − 2,400円 = 117,600円

	借 方 科 目	金 額	貸 方 科 目	金 額
(1)	売 掛 金	50,000[*1]	売 上	48,000[*2]
			返 金 負 債	2,000[*3]
	売 上 原 価	38,400[*4]	商 品	40,000[*5]
	返 品 資 産	1,600[*6]		
(2)	返 金 負 債	2,000	売 掛 金	2,000
	商 品	1,600	返 品 資 産	1,600

＊1　500円×100個＝50,000円
＊2　500円×96個＝48,000円
＊3　500円×（100個－96個）＝2,000円
＊4　400円×96個＝38,400円
＊5　400円×100個＝40,000円
＊6　400円×（100個－96個）＝1,600円

	借 方 科 目	金 額	貸 方 科 目	金 額
①	受 取 手 形	400,000	売 上	400,000
②	受 取 手 形	16,000	受 取 利 息	16,000[*]

＊　400,000円×4％＝16,000円

借 方 科 目	金 額	貸 方 科 目	金 額
現 金	50,000	買 掛 金	35,000
		受 取 手 数 料	15,000[*]

＊　50,000円－35,000円＝15,000円

	借 方 科 目	金 額	貸 方 科 目	金 額
(1)	仕 入 仮 払 消 費 税	1,000 100	現 金	1,100
(2)	現 金	4,400	売 上 仮 受 消 費 税	4,000 400
(3)	仮 受 消 費 税	400	仮 払 消 費 税 未 払 消 費 税	100 300
(4)	未 払 消 費 税	300	現 金	300

	借 方 科 目	金 額	貸 方 科 目	金 額
(1)	現 金	100,000	発 行 商 品 券	100,000
(2)	発 行 商 品 券	54,000	売 上	54,000
(3)	発 行 商 品 券	6,000*	雑 収 入	6,000

$$* \quad 10,000 円 \times \frac{54,000 円}{100,000 円 - 10,000 円} = 6,000 円$$

	借 方 科 目	金 額	貸 方 科 目	金 額
(1)	現 金	20,000	前 受 金	20,000
(2)	仕 掛 品	12,000	現 金	12,000
(3)	前 受 金 役 務 原 価	8,000 4,800*2	役 務 収 益 仕 掛 品	8,000*1 4,800

*1 20,000 円 × 40% = 8,000 円

*2 12,000 円 × 40% = 4,800 円

	借 方 科 目	金 額	貸 方 科 目	金 額
(1)	仕 入	100,000	買 掛 金	100,000
(2)	積 送 品	60,000	仕 入	60,000
(3)	売 掛 金	80,000	積 送 品 売 上	80,000

問1

(A) その都度法

決算整理前残高試算表　　　　（単位：円）

繰 越 商 品 （	180,000）	一 般 売 上 （	1,350,000）
積 送 品 （	42,000）	積 送 品 売 上 （	540,000）
仕 入 （	1,518,000）		

(B) 期末一括法

決算整理前残高試算表　　　　（単位：円）

繰 越 商 品 （	180,000）	一 般 売 上 （	1,350,000）
積 送 品 （	420,000）	積 送 品 売 上 （	540,000）
仕 入 （	1,140,000）		

問2

損 益 計 算 書

自×1年4月1日　至×2年3月31日　　（単位：円）

I　売　上　高

1．一 般 売 上 高　　　（　　1,350,000）

2．積 送 品 売 上 高　　（　　　540,000）　　（　　1,890,000）

II　売　上　原　価

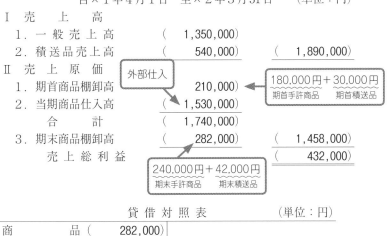

1．期首商品棚卸高　　　外部仕入　　　210,000）　◀──　180,000円 + 30,000円
　　　　　　　　　　　　　　　　　　　　　　　　　　　期首手許商品　期首積送品

2．当期商品仕入高　　　（　　1,530,000）

　　　合　　　計　　　　（　　1,740,000）

3．期末商品棚卸高　　　（　　　282,000）　　（　　1,458,000）

　　　売 上 総 利 益　　　　　　　　　　　（　　　432,000）

240,000円 + 42,000円
期末手許商品　期末積送品

貸 借 対 照 表　　　　（単位：円）

| 商　　　　品　（ | 282,000） | |

問1について

(A)　その都度法による場合の期中仕訳

(1)	(仕　　　　　入)	1,530,000	(買　　掛　　金)	1,530,000
(2)	(積　送　品)	390,000	(仕　　　　　入)	390,000
(3)	(売　掛　金)	540,000	(積 送 品 売 上)	540,000
	(仕　　　　　入)	378,000	(積　送　品)	378,000
(4)	(売　掛　金)	1,350,000	(売　　　　　上)	1,350,000

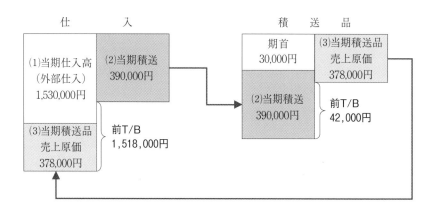

(B)　期末一括法による場合の期中仕訳

(1)	(仕　　　　　入)	1,530,000	(買　　掛　　金)	1,530,000
(2)	(積　送　品)	390,000	(仕　　　　　入)	390,000
(3)	(売　掛　金)	540,000	(積 送 品 売 上)	540,000
(4)	(売　掛　金)	1,350,000	(売　　　　　上)	1,350,000

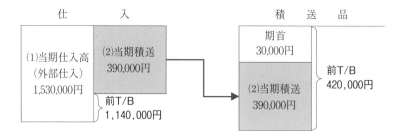

損 益 計 算 書
自×1年4月1日 至×2年3月31日 （単位：円）

I 売 上 高
　1．一 般 売 上 高　　　（　　1,815,000）
　2．積 送 品 売 上 高　　（　　 525,250）　　（　　2,340,250）
II 売 上 原 価
　1．期首商品棚卸高　　　（　　 426,000）← 396,000円＋30,000円
　　　　　　　　　　　　　　　　　　　　　　　期首手許商品　期首積送品
　2．当期商品仕入高　　　（　　2,008,000）
　　　　合　　　計　　　　（　　2,434,000）
　3．期末商品棚卸高　　　（　　 600,000）　　（　　1,834,000）
　　　売 上 総 利 益　　　　　　　　　　　　　（　　 506,250）

512,000円＋88,000円
期末手許商品　期末積送品

貸 借 対 照 表　　　　　（単位：円）

商　　　　　品（　　300,000）　600,000）

解説

　仕入、手許商品、積送品のボックス図を作って計算します。

　なお、この問題はその都度法で処理しているので、決算整理前残高試算表（前T/B）の積送品は期末積送品を表します。

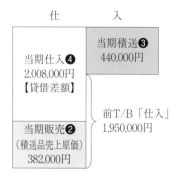

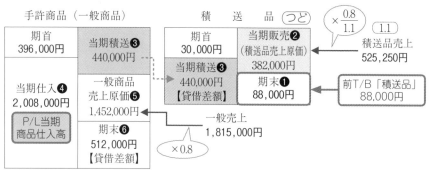

積送品ボックス

❶期 末 積 送 品：その都度法なので、前T/B「積送品」は期末積送品を表します。

❷積送品売上原価：$525,250円 \times \dfrac{0.8}{1.1} = 382,000円$

❸当 期 積 送 高：貸借差額

仕入ボックス

❹当 期 仕 入：貸借差額

手許商品ボックス

❺一般商品売上原価：$1,815,000円 \times 0.8 = 1,452,000円$

❻期 末 手 許 商 品：貸借差額

損 益 計 算 書

自×1年4月1日 至×2年3月31日 （単位：円）

Ⅰ 売 上 高
1. 一 般 売 上 高 （ 1,212,000）
2. 積 送 品 売 上 高 （ 369,600） （ 1,581,600）
Ⅱ 売 上 原 価
1. 期首商品棚卸高 （ 306,600） ← 264,600円＋42,000円
期首手許商品　期首積送品
2. 当期商品仕入高 （ 1,134,000）
合 計 （ 1,440,600）
3. 期末商品棚卸高 （ 357,000） （ 1,083,600）
売 上 総 利 益 （ 498,000）

298,200円＋58,800円
期末手許商品　期末積送品

貸 借 対 照 表 （単位：円）

商 品 （ 357,000）

解説 ●・・・●

　この問題は期末一括法で処理しているので、決算整理前残高試算表（前T/B）の積送品は
期首積送品と当期積送高の合計を表します。

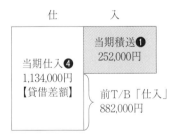

仕　　　　　入

当期積送❶
252,000円

当期仕入❹
1,134,000円
【貸借差額】

前T/B「仕入」
882,000円

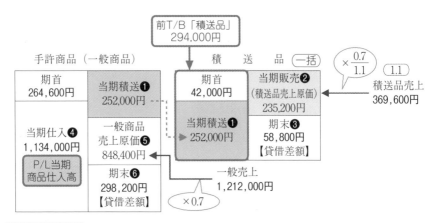

損 益 計 算 書

自×1年4月1日 至×2年3月31日 （単位：円）

I 売 上 高
　1．一 般 売 上 高　　（　　660,000）
　2．積 送 品 売 上 高　　（　　184,000）　　（　　844,000）
II 売 上 原 価
　1．期首商品棚卸高　　（　　144,000）
　2．当期商品仕入高　　（　　640,000）
　　　　合　　　計　　（　　784,000）
　3．期末商品棚卸高　　（　　128,000）　　（　　656,000）
　　　売 上 総 利 益　　　　　　　　　　（　　188,000）
　　　　　　：

96,000円＋32,000円
期末手許商品　期末積送品

IV 営 業 外 収 益
　1．[仕 入 割 引]　　　　　　　　　　　（　　16,000）
V 営 業 外 費 用
　1．[支 払 利 息]　　　　　　　　　　　（　　8,000）

貸 借 対 照 表　　　　　（単位：円）

商　　　　品（　　128,000）

解説 ....●

　この問題は期末一括法で処理しているので、決算整理前残高試算表（前T/B）の積送品は期首積送品と当期積送高の合計を表します。

　仕入割引は仕入勘定から控除しないので、前T/B上、控除されている場合は加算します。

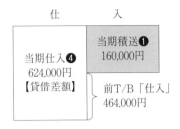

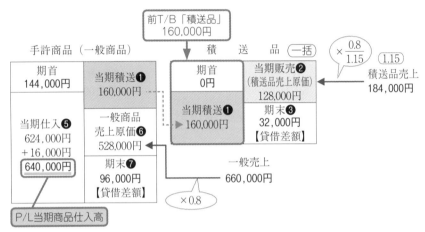

積送品ボックス

❶**当 期 積 送 高**：委託販売は当期から開始しているので、期首積送品は0円です。し
たがって、当期積送高は前T/Bの金額（160,000円）と一致します。

❷**積送品売上原価**：$184,000円 \times \dfrac{0.8}{1.15} = 128,000円$

❸**期 末 積 送 品**：貸借差額

仕入ボックス

❹**当 期 仕 入**：仕入ボックスの貸借差額で当期仕入を計算します。ただし、前T/B
の仕入勘定から仕入割引（16,000円）が控除されているので、P/L
当期商品仕入高の計算に際して、仕入割引を加算します（❺参照）。

手許商品ボックス

❺**当 期 商 品 仕 入 高**：$\underset{\text{前T/B仕入}}{464,000円} + \underset{\text{当期積送高}}{160,000円} + \underset{\text{仕入割引}}{16,000円} = 640,000円$

❻**一般商品売上原価**：$660,000円 \times 0.8 = 528,000円$

❼**期 末 手 許 商 品**：貸借差額

(A)の方法

	借 方 科 目	金 額	貸 方 科 目	金 額
(1)	仕　　　　　入	168,000	買　　　掛　　　金	168,000
(2)	積　　送　　品	175,000	仕　　　　　入 現　　　　　金	168,000 7,000
(3)	売　　掛　　金	151,550	積　送　品　売　上	151,550
(4)	仕　　　　　入	122,500*	積　　送　　品	122,500

＊ 期末一括法なので期末において積送品の売上原価を仕入勘定に振り替えます。

$$\underset{\text{(2)積送品}}{\underline{175,000 円}} \times \frac{350 個}{500 個} = 122,500 円$$

決算整理後残高試算表　　　（単位：円）

積　　送　　品 （	52,500)	積 送 品 売 上 （	151,550)
繰 延 積 送 諸 掛 （	0)		
積　送　諸　掛 （	0)		
仕　　　　　入 （	122,500)		

(B)の方法

	借 方 科 目	金 額	貸 方 科 目	金 額
(1)	仕　　　　　入	168,000	買　　掛　　金	168,000
(2)	積　送　品	168,000	仕　　　　　入	168,000
	積　送　諸　掛	7,000	現　　　　　金	7,000
(3)	売　　掛　　金	151,550	積 送 品 売 上	175,000
	積　送　諸　掛	23,450		
(4)	仕　　　　　入	117,600*1	積　送　品	117,600
	繰 延 積 送 諸 掛	2,100*2	積　送　諸　掛	2,100

* 1　期末一括法なので、期末において積送品の売上原価を仕入勘定に振り替えます。

@336円 × 350個 = 117,600円

* 2　未販売分の積送諸掛を繰延積送諸掛とします。

$$7,000円 \times \underset{\text{発送運賃}}{\underbrace{\frac{150個}{500個}}} = 2,100円$$

決算整理後残高試算表　　　（単位：円）

積　送　品（	50,400 ）	積 送 品 売 上（	175,000 ）
繰 延 積 送 諸 掛（	2,100 ）		
積　送　諸　掛（	28,350*）		
仕　　　　入（	117,600 ）		

*　7,000円 + 23,450円 − 2,100円 = 28,350円

解答 26

	借 方 科 目	金 額	貸 方 科 目	金 額
(1)	仕　　　　　入	100,000	買　　掛　　金	100,000
(2)	試　　用　　品	60,000	仕　　　　　入	60,000
(3)	仕　　　　　入	10,000	試　　用　　品	10,000
(4)	売　　掛　　金	112,000	試 用 品 売 上	112,000*1
	仕　　　　　入	90,000	試　　用　　品	90,000*2

* 1　52,000円 + 60,000円 = 112,000円

* 2　40,000円 + 50,000円 = 90,000円

	借 方 科 目	金 額	貸 方 科 目	金 額
(1)	仕 入	200,000	買 掛 金	200,000
(2)	試 用 販 売 契 約	216,000	試 用 仮 売 上	216,000
(3)	試 用 仮 売 上	48,000	試 用 販 売 契 約	48,000
(4)	売 掛 金 試 用 仮 売 上	288,000 288,000	試 用 品 売 上 試 用 販 売 契 約	288,000* 288,000

* 120,000円 + 168,000円 = 288,000円

解答 28

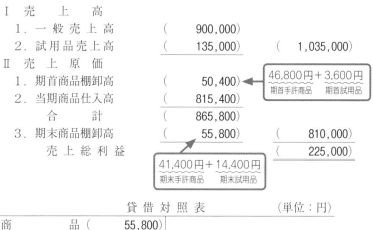

損 益 計 算 書
自×1年4月1日 至×2年3月31日 （単位：円）

I 売 上 高
 1. 一 般 売 上 高 （ 900,000）
 2. 試 用 品 売 上 高 （ 135,000） （ 1,035,000）

II 売 上 原 価
 1. 期 首 商 品 棚 卸 高 （ 50,400） ← 46,800円 + 3,600円
 　　　　　　　　　　　　　　　　　　 期首手許商品　期首試用品
 2. 当 期 商 品 仕 入 高 （ 815,400）
 　　合 　 計 （ 865,800）
 3. 期 末 商 品 棚 卸 高 （ 55,800） （ 810,000）
 　　売 上 総 利 益 （ 225,000）

41,400円 + 14,400円
期末手許商品　期末試用品

貸 借 対 照 表 （単位：円）

商 品 （ 55,800）

解説 ···●

　仕入、手許商品、試用品のボックス図を作って計算します。

　なお、この問題はその都度法で処理しているので、決算整理前残高試算表（前T/B）の試
用品は期末試用品を表します。

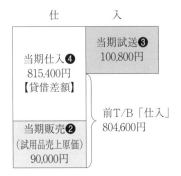

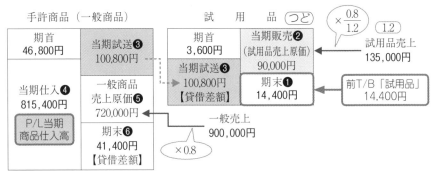

試用品ボックス

❶期　末　試　用　品：その都度法なので、前T/B「試用品」は期末試用品を表します。

❷試用品売上原価：$135,000円 \times \dfrac{0.8}{1.2} = 90,000円$

❸当　期　試　送　高：貸借差額

仕入ボックス

❹当　　期　　仕　　入：貸借差額

手許商品ボックス

❺一般商品売上原価：$900,000円 \times 0.8 = 720,000円$

❻期　末　手　許　商　品：貸借差額

損　益　計　算　書
自×1年4月1日　至×2年3月31日　　（単位：円）

I　売　　上　　高
　1．一　般　売　上　高　　　（　　　900,000）
　2．試用品売上高　　　（　　　225,000）　　（　　1,125,000）
II　売　　上　　原　　価
　1．期首商品棚卸高　　　（　　　246,000）◄──　225,000円＋21,000円
　　　　　　　　　　　　　　　　　　　　　　　　　期首手許商品　　期首試用品
　2．当期商品仕入高　　　（　　　856,500）
　　　　合　　　計　　　（　　1,102,500）
　3．期末商品棚卸高　　　（　　　315,000）　　（　　　787,500）
　　　売 上 総 利 益　　　　　　　　　　　　　　（　　　337,500）
　　　　　　　　　　　　270,000円＋45,000円
　　　　　　　　　　　　期末手許商品　　期末試用品

貸　借　対　照　表　　　　（単位：円）

商　　　　品（　　　315,000）

解説 ....●

　期末試用品45,000円と決算整理前残高試算表（前T/B）の試用品202,500円が一致していないので、この問題は期末一括法で処理していることがわかります。

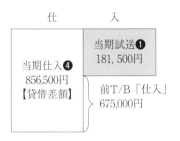

仕　　　　入

当期試送❶
181,500円

当期仕入❹
856,500円
【貸借差額】

前T/B「仕入」
675,000円

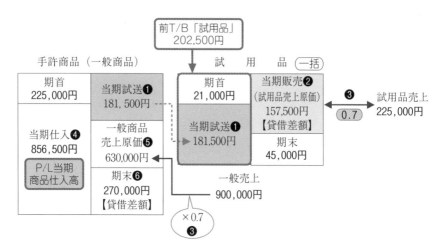

試用品ボックス

❶当 期 試 送 高：202,500円 − 21,000円 = 181,500円
❷試用品売上原価：貸借差額
❸原 　 価 　 率：「一般販売と試用販売の原価率は同じである」より、試用品の原価
　　　　　　　　率を計算し、一般販売の原価率にあてはめます。

$$\frac{157,500 \text{円}}{225,000 \text{円}} = 0.7 \ (70\%)$$

仕入ボックス

❹当 　 期 　 仕 　 入：貸借差額

手許商品ボックス

❺一般商品売上原価：900,000円 × 0.7 = 630,000円
❻期 末 手 許 商 品：貸借差額

損　益　計　算　書
自×1年4月1日　至×2年3月31日　　（単位：円）

I　売　　上　　高
　　1．一 般 売 上 高　　　（　　　1,293,600）
　　2．試 用 品 売 上 高　　（　　　　101,640）　　（　　1,395,240）
II　売　上　原　価
　　1．期首商品棚卸高　　（　　　　72,800）　← 64,400円＋8,400円
　　　　　　　　　　　　　　　　　　　　　　　　期首手許商品　期首試用品
　　2．当期商品仕入高　　（　　　1,068,900）
　　　　　合　　　　　計　　（　　　1,141,700）
　　3．期末商品棚卸高　　（　　　　102,200）← 77,000円＋25,200円
　　　　　　　　　　　　　　　　　　　　　　　　期末手許商品　期末試用品
　　　　　差　　　　　引　　（　　　1,039,500）
　　4．[商 品 評 価 損]　（　　　　　2,016）　　（　　1,041,516）
　　　　　売 上 総 利 益　　　　　　　　　　　（　　　353,724）
III　販売費及び一般管理費
　　1．貸倒引当金繰入　　（　　　　　5,600）
　　2．[棚 卸 減 耗 費]　（　　　　　1,400）　　（　　　　7,000）
　　　　　営　業　利　益　　　　　　　　　　　（　　　346,724）

貸　借　対　照　表

売　　掛　　金（　　　420,000）
貸 倒 引 当 金（　　　　8,400）（　　　411,600）
商　　　　　品　　　　　　　　（　　　98,784）

解説

　決算整理前残高試算表（前T/B）に「試用販売契約」と「試用仮売上」があるので、対照
勘定法により処理していることがわかります。

(1)　未処理事項の処理
　　（売　　掛　　金）　　9,240　　（試 用 品 売 上）　　9,240
　　（試 用 仮 売 上）　　9,240　　（試 用 販 売 契 約）　9,240

(2) ボックス図の作成

資料から金額が判明するものをボックス図に記入すると次のとおりです。

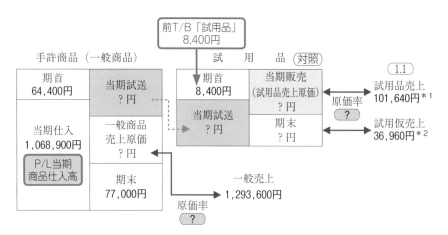

＊1　試用品売上：92,400円＋9,240円＝101,640円
＊2　試用仮売上：46,200円－9,240円＝　36,960円

　上記のボックス図のままでは、これ以上金額を計算することができません。そこで、手許商品ボックスと試用品ボックスを合算した図を作り、原価率と期末試用品原価を計算していきます（損益計算書と貸借対照表の作成にあたっては、期末試用品原価以外は計算する必要はありません）。

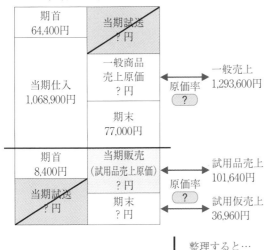

手許商品＋試用品

整理すると…

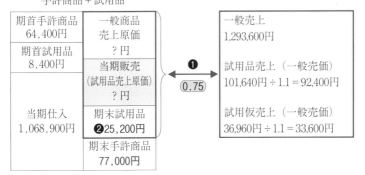

❶原　価　率：試用品の売価を一般売価になおしてから原価率を計算します。

一般売価：1,293,600円 ＋ 92,400円 ＋ 33,600円 ＝ 1,419,600円
　　　　　　　一般売上　　試用品売上　試用仮売上

原　　　価：ボックスの貸借差額より

　　　　　　1,064,700円（売上原価＋期末試用品原価）

原　価　率：$\dfrac{1{,}064{,}700 \text{円}}{1{,}419{,}600 \text{円}} = 0.75$（75％）

❷期末試用品：33,600円 × 0.75 ＝ 25,200円

(3) その他の決算整理事項
　① 期末商品の評価
　　棚 卸 減 耗 費：77,000円 − 75,600円 = 1,400円
　　商 品 評 価 損：(手許商品) 75,600円 × 2 % = 1,512円
　　　　　　　　　 (試 用 品) 25,200円 × 2 % = 　504円
　　　　　　　　　　　　　　　　　　　　　　　　2,016円
　　B / S 　商 　　品：77,000円 + 25,200円 − (1,400円 + 2,016円) = 98,784円
　② 貸倒引当金の設定
　　貸 倒 引 当 金：(410,760円 + 9,240円) × 2 % = 8,400円
　　　　　　　　　　　　　　売　掛　金
　　貸倒引当金繰入：8,400円 − 2,800円 = 5,600円

解答　31

損 益 計 算 書
自 × 1 年 4 月 1 日　至 × 2 年 3 月 31 日　　（単位：円）

Ⅰ　売　　上　　高
　1．一 般 売 上 高　　（　　　　567,000）
　2．積 送 品 売 上 高　　（　　　　135,000）
　3．試 用 品 売 上 高　　（　　　　 96,000）　　（　　　798,000）
Ⅱ　売　上　原　価
　1．期首商品棚卸高　　（　　　　 46,800）　　　32,400円 + 6,300円
　　　　　　　　　　　　　　　　　　　　　　　+ 8,100円
　2．当期商品仕入高　　（　　　　496,800）
　　　　合　　　計　　（　　　　543,600）
　3．期末商品棚卸高　　（　　　　 48,600）　　（　　　495,000）
　　　売 上 総 利 益　　　　　　　　　　　　　（　　　303,000）
　　　　　　　　　　　36,900円 + 3,600円
　　　　　　　　　　　+ 8,100円

解説

(1)　未処理事項の処理（試用品の返品分）
　　（仕　　　　　入）　　1,800　　（試　用　品）　　1,800*
　　　　*　@18円（後述）× 100個 = 1,800円

(2)　ボックス図の作成
　　ボックス図を作って金額を計算します。この問題は数量の記載があるのでボックス図には数量も記入しておきます。なお、仕入ボックスは仕入勘定に関する金額を分析するボックス（前T/Bの仕入金額を分析するボックス）なので、決算日現在未処理のものは記入しないことに注意しましょう（決算日現在未処理のものは前T/Bの仕入の金額に反映されていないため）。

68

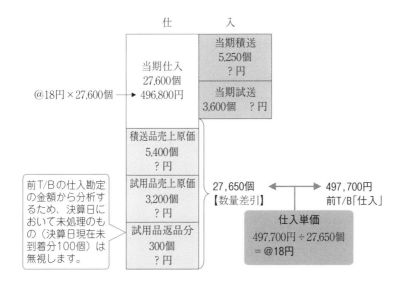

仕　　　　　入

| 当期仕入
27,600個
496,800円 | 当期積送
5,250個
？円 |
| | 当期試送
3,600個　？円 |

@18円×27,600個 →

積送品売上原価 5,400個 ？円	
試用品売上原価 3,200個 ？円	27,650個 【数量差引】
試用品返品分 300個 ？円	

前T/Bの仕入勘定の金額から分析するため、決算日において未処理のもの（決算日現在未到着分100個）は無視します。

27,650個　←→　497,700円
【数量差引】　　前T/B「仕入」

仕入単価
497,700円÷27,650個
＝@18円

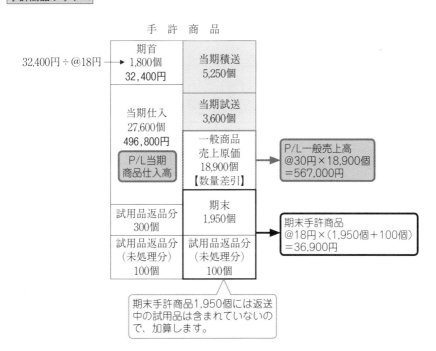

手　許　商　品

32,400円÷@18円 →

期首 1,800個 32,400円	当期積送 5,250個
当期仕入 27,600個 496,800円 P/L当期 商品仕入高	当期試送 3,600個
	一般商品 売上原価 18,900個 【数量差引】
試用品返品分 300個	期末 1,950個
試用品返品分 （未処理分） 100個	試用品返品分 （未処理分） 100個

P/L一般売上高
@30円×18,900個
＝567,000円

期末手許商品
@18円×（1,950個＋100個）
＝36,900円

期末手許商品1,950個には返送中の試用品は含まれていないので、加算します。

積送品ボックス

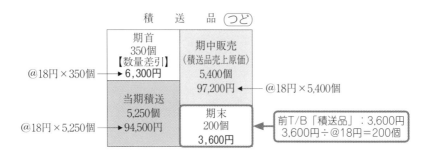

試用品ボックス

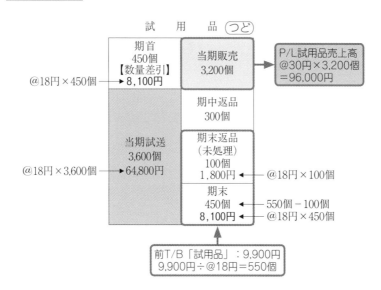

	借　方　科　目	金　　額	貸　方　科　目	金　　額
(1)	仕　　　　　　入	682,000	買　　　掛　　　金	682,000
(2)	売　　　掛　　　金	396,000	売　　　　　　上	396,000
(3)	割　賦　売　掛　金	400,000	割　　賦　　売　　上	400,000
(4)	現　　　　　　金	100,000	割　賦　売　掛　金	100,000
	割　賦　売　掛　金	20,000	受　　取　　利　　息	20,000

決算整理前残高試算表　　　　（単位：円）

割 賦 売 掛 金 （	320,000* ）	一 般 売 上 （　396,000　）
繰 越 商 品 （	72,600 ）	割 賦 売 上 （　400,000　）
仕　　　　　入 （	682,000 ）	

＊　未回収分：400,000円 − 100,000円 + 20,000円 = 320,000円

解説 ....●

　売上原価の算定は決算において行うので、決算整理前残高試算表の繰越商品は期首の金額となります。

解答 33

借　方　科　目	金　　　額	貸　方　科　目	金　　　額
戻　り　商　品	30,000	割　賦　売　掛　金	60,000
貸　倒　引　当　金	1,800		
戻　り　商　品　損　失	28,200*		

＊　貸借差額

解説 ....●

　前期の割賦売掛金が回収不能となったので、設定されている貸倒引当金を減少させます。

	借 方 科 目	金 額	貸 方 科 目	金 額
(1)	現 金	12,000	前 受 金	12,000
(2)	前 受 金	1,000	売 上	1,000 *

＊ 12,000円 ÷ 12巻 = 1,000円

	借 方 科 目	金 額	貸 方 科 目	金 額
(1)	未 着 品	20,000	買 掛 金	20,000
(2)	仕 入	15,500 *	未 着 品	15,000
			現 金	500
(3)	売 掛 金	6,000	未 着 品 売 上	6,000
	仕 入	5,000	未 着 品	5,000

＊ 引取費用（500円）を含める。

	借 方 科 目	金 額	貸 方 科 目	金 額
(1)	受 託 販 売	180	現 金	180
(2)	売 掛 金	8,000	受 託 販 売	8,000
	受 託 販 売	120	現 金	120
(3)	受 託 販 売	800	受 取 手 数 料	800
(4)	受 託 販 売	6,900	当 座 預 金	6,900

	借 方 科 目	金 額	貸 方 科 目	金 額
(1)	現 金	200,000	未成工事受入金	200,000
(2)	未 成 工 事 支 出 金	900,000	材 料 費	340,000
			労 務 費	430,000
			経 費	130,000
	完 成 工 事 原 価	900,000	未 成 工 事 支 出 金	900,000
	未 成 工 事 受 入 金	200,000	完 成 工 事 高	1,140,000*1
	契 約 資 産	940,000		
(3)	未 成 工 事 支 出 金	1,350,000	材 料 費	580,000
			労 務 費	495,000
			経 費	275,000
	完 成 工 事 原 価	1,350,000	未 成 工 事 支 出 金	1,350,000
	完 成 工 事 未 収 入 金	2,650,000	完 成 工 事 高	1,710,000*2
			契 約 資 産	940,000
	現 金	2,650,000	完 成 工 事 未 収 入 金	2,650,000

* 1　$2,850,000 円 \times \dfrac{900,000 円}{2,250,000 円} = 1,140,000 円$

* 2　$2,850,000 円 - 1,140,000 円 = 1,710,000 円$

	第 1 期	第 2 期	第 3 期
工 事 収 益	80,000 円 *1	159,000 円 *2	161,000 円 *3
工 事 原 価	60,000 円	119,250 円 *4	120,750 円 *5
工 事 利 益	20,000 円	39,750 円	40,250 円

* 1　$400,000 円 \times \dfrac{60,000 円}{300,000 円} = 80,000 円$

* 2　$400,000 円 \times \dfrac{179,250 円}{300,000 円} = 239,000 円$

　　　$239,000 円 - 80,000 円 = 159,000 円$

* 3　$400,000 円 - (80,000 円 + 159,000 円) = 161,000 円$

* 4　$179,250 円 - 60,000 円 = 119,250 円$

* 5　$300,000 円 - (60,000 円 + 119,250 円) = 120,750 円$

	工事進行基準
完成工事未収入金	675,000円
契　約　資　産	1,110,000円
未成工事支出金	0円
未成工事受入金	100,000円

解説 ●

　工事進行基準では、決算における工事進捗度に応じて完成工事高（収益）を計上し、期中に発生した費用を完成工事原価（費用）として計上します。

① 完成工事高

　　A工事：1,500,000円

　　B工事：$3,000,000円 \times \dfrac{1,020,000円}{2,550,000円} = 1,200,000円$

　　C工事：$1,250,000円 \times \dfrac{600,000円}{1,000,000円} = 750,000円$

　　D工事：$1,200,000円 \times \dfrac{400,000円}{500,000円} = 960,000円$

② 完成工事未収入金、契約資産または未成工事受入金

　　完成工事高と入金額との差額は、完成工事未収入金（完成工事高＞入金額、かつ完成引渡済の場合）、契約資産（完成工事高＞入金額、かつ未完成の場合）または未成工事受入金（完成工事高＜入金額の場合）で処理します。

　　A工事：1,500,000円 − 825,000円 ＝ 675,000円（完成工事未収入金）
　　B工事：1,200,000円 − 900,000円 ＝ 300,000円（契約資産）
　　C工事： 750,000円 − 850,000円 ＝△100,000円（未成工事受入金）
　　D工事： 960,000円 − 150,000円 ＝ 810,000円（契約資産）

完成工事未収入金：675,000円
契　約　資　産：300,000円 ＋ 810,000円 ＝ 1,110,000円
未成工事受入金：100,000円

	第 1 期	第 2 期	第 3 期
工 事 収 益	150,000 円	303,600 円	176,400 円
工 事 原 価	136,500 円	269,580 円	157,920 円
工 事 利 益	13,500 円	34,020 円	18,480 円

解説

　工事収益総額と工事原価総額の変更があった場合、変更があった年度以降は変更後の金額を用いて工事進捗度を計算します。

(1) 第1期

　第1期末において、工事原価総額の見積額が546,000円に変更されているので、第1期の工事収益の計算では、当初の工事原価総額の見積額ではなく、変更後の工事原価総額の見積額を用いて工事進捗度を計算します。

　　工事収益：$600,000 円 \times \dfrac{136,500 円}{546,000 円} = 150,000 円$

(2) 第2期

　第2期において、工事収益総額と工事原価総額の見積額が変更されているので、第2期の工事収益の計算では、変更後の工事収益総額と工事原価総額の見積額を用いて計算します。

　　工事収益：$630,000 円 \times \dfrac{136,500 円 + 269,580 円}{546,000 円 + 18,000 円} = 453,600 円$

　　　　　　$453,600 円 - 150,000 円 = 303,600 円$

(3) 第3期

　　工事収益：$630,000 円 - (150,000 円 + 303,600 円) = 176,400 円$

(1) 第1期

借 方 科 目	金 額	貸 方 科 目	金 額
未 成 工 事 支 出 金	201,600	材 料 費	90,000
		労 務 費	81,000
		経 費	30,600
完 成 工 事 原 価	201,600	未 成 工 事 支 出 金	201,600
契 約 資 産	210,000	完 成 工 事 高	210,000

工 事 損 益： 8,400円　工事損失引当金： 0円

(2) 第2期

借 方 科 目	金 額	貸 方 科 目	金 額
未 成 工 事 支 出 金	381,150	材 料 費	111,100
		労 務 費	130,000
		経 費	140,050
完 成 工 事 原 価	381,150	未 成 工 事 支 出 金	381,150
契 約 資 産	345,000	完 成 工 事 高	345,000
完 成 工 事 原 価	9,750	工 事 損 失 引 当 金	9,750

工 事 損 益： △45,900円　工事損失引当金： 9,750円

(3) 第3期

借 方 科 目	金 額	貸 方 科 目	金 額
未 成 工 事 支 出 金	204,750	材 料 費	50,000
		労 務 費	84,000
		経 費	70,750
完 成 工 事 原 価	204,750	未 成 工 事 支 出 金	204,750
完成工事未収入金	750,000	完 成 工 事 高	195,000
		契 約 資 産	555,000
工 事 損 失 引 当 金	9,750	完 成 工 事 原 価	9,750

工 事 損 益： 0円　工事損失引当金： 0円

解説

工事原価総額の増加により工事契約から損失が見込まれる場合は、損失額のうちすでに計上した工事損益を控除した金額を、損失が見込まれた期の損失として処理し、工事損失引当金を計上します。

(1) 第1期

　第1期末における工事原価総額（720,000円）は工事収益総額（750,000円）を下回っているので、損失は見込まれません。

　①完 成 工 事 高：$750,000円 \times \dfrac{201,600円}{720,000円} = 210,000円$

　②完 成 工 事 原 価：201,600円

　③工 　事 　損 　益：210,000円 － 201,600円 ＝ 8,400円

(2) 第2期

　第2期末における工事原価総額（787,500円）は工事収益総額（750,000円）を上回っているので、損失が見込まれます。したがって、工事損失引当金を設定します。

　①完 成 工 事 高：$750,000円 \times \dfrac{201,600円 + 381,150円}{787,500円} = 555,000円$

　　　　　　　　　555,000円 － 210,000円 ＝ 345,000円

　②完 成 工 事 原 価：381,150円

　③工 　事 　損 　益：345,000円 － 381,150円 ＝ △36,150円

　④工事損失引当金繰入：

　　ⓐ見 積 工 事 損 失　750,000円 － 787,500円 ＝ △37,500円←最終的に計上される損失

　　ⓑ第2期までに計上された損益　8,400円 ＋ △36,150円 ＝ △27,750円←当期までに計上された損失

　　ⓒ工事損失引当金繰入（ⓐ－ⓑ）　　　　　　　　△ 9,750円←工事原価に加算

　　　仕訳：（完 成 工 事 原 価）　　　 9,750　　（工事損失引当金）　　　 9,750
　　　　　　　　工事損失引当金繰入

　⑤工事損失引当金繰入額を加算した工事原価：381,150円 ＋ 9,750円 ＝ 390,900円

　⑥工 　事 　損 　益：345,000円 － 390,900円 ＝ △45,900円

(3) 第3期

　①完 成 工 事 高：750,000円 － （210,000円 ＋ 345,000円）＝ 195,000円

　②完 成 工 事 原 価：204,750円

　③工事損失引当金戻入：9,750円

　　　仕訳：（工事損失引当金）　　　 9,750　　（完 成 工 事 原 価）　　　 9,750
　　　　　　　　　　　　　　　　　　　　　　　　工事損失引当金戻入

　④工事損失引当金戻入額を控除した工事原価：204,750円 － 9,750円 ＝ 195,000円

　⑤工 　事 　損 　益：195,000円 － 195,000円 ＝ 0円

解答 42

①	経営成績	⑥	明瞭
②	真実	⑦	判断
③	正規の簿記の原則	⑧	毎期継続
④	資本剰余金	⑨	不利
⑤	利益剰余金	⑩	会計記録

解答 43

	○または×	×の場合の理由
(1)	×	絶対的真実ではなく、相対的真実である。
(2)	×	棚卸法ではなく、誘導法である。
(3)	×	重要な後発事象については財務諸表に注記する。
(4)	○	
(5)	×	費用を過度に多く計上するような過度な保守主義は禁止されている。
(6)	×	提出目的によって財務諸表の形式が異なるのは単一性の原則に反するものではない。

解答 44

①	経営成績	⑥	相殺
②	収益	⑦	対応表示
③	対応	⑧	営業損益
④	当期純利益	⑨	経常損益
⑤	総額	⑩	純損益

①	財政状態	⑧	固定資産
②	資産	⑨	繰延資産
③	負債	⑩	流動負債
④	正規の簿記の原則	⑪	固定負債
⑤	簿外資産	⑫	流動性配列法
⑥	簿外負債	⑬	取得原価
⑦	流動資産	⑭	費用配分の原則

	○または×	×の場合の理由
(1)	×	「収入」および「支出」には、将来または過去の収入および支出も含む。
(2)	○	

さくいん

【著 者】

滝澤ななみ（たきざわ・ななみ）

簿記、ＦＰ、宅建士など多くの資格書を執筆している。主な著書は
『スッキリわかる日商簿記』１～３級（15年連続全国チェーン売上第
１位※1）、『みんなが欲しかった！簿記の教科書・問題集』日商２・
３級、『みんなが欲しかった！ＦＰの教科書』２・３級（10年連続売
上第１位※2）、『みんなが欲しかった！ＦＰの問題集』２・３級など。

※1　紀伊國屋書店PubLine/三省堂書店/丸善ジュンク堂書店　2009年１月～2023
　　年12月（各社調べ、50音順）
※2　紀伊國屋書店PubLine調べ　2014年１月～2023年12月

・装丁：Nakaguro Graph（黒瀬章夫）

スッキリわかるシリーズ

スッキリわかる　日商簿記１級　商業簿記・会計学Ⅰ
損益会計編　第10版

2008年12月31日　初　版　第１刷発行
2021年11月24日　第10版　第１刷発行
2024年 7 月29日　　　　　第 4 刷発行

著　　　者	滝　澤　な な み
発 行 者	多　田　敏　男
発 行 所	TAC株式会社　出版事業部
	（TAC出版）

〒101-8383
東京都千代田区神田三崎町3-2-18
電 話 03（5276）9492（営業）
FAX 03（5276）9674
https://shuppan.tac-school.co.jp

イ ラ ス ト	佐　藤　雅　則
印　　　刷	株式会社 ワ コ ー
製　　　本	東京美術紙工協業組合

© Nanami Takizawa 2021　　　Printed in Japan

ISBN 978-4-8132-9921-9
N.D.C. 336

簿記検定講座のご案内

選べる学習メディアでご自身に合うスタイルでご受講ください！

通学講座　　3級コース　3・2級コース　2級コース　1級コース　1級上級コース

教室講座　　通って学ぶ

定期的な日程で通学する学習スタイル。常に講師と接することができるという教室講座の最大のメリットがありますので、疑問点はその日のうちに解決できます。また、勉強仲間との情報交換も積極的に行えるのが特徴です。

ビデオブース講座　　通って学ぶ／予約制

ご自身のスケジュールに合わせて、TACのビデオブースで学習するスタイル。日程を自由に設定できるため、忙しい社会人に人気の講座です。

直前期教室出席制度
直前期以降、教室受講に振り替えることができます。

| 無料体験入学 | ご自身の目で、耳で体験し納得してご入学いただくために、無料体験入学をご用意しました。 |
| 無料講座説明会 | もっとTACのことを知りたいという方は、無料講座説明会にご参加ください。 |

無　料
予約不要※

※ビデオブース講座の無料体験入学は要予約。
無料講座説明会は一部校舎では要予約。

通信講座　　3級コース　3・2級コース　2級コース　1級コース　1級上級コース

Web通信講座　　スマホやタブレットにも対応／見て学ぶ

教室講座の生講義をブロードバンドを利用し動画で配信します。ご自身のペースに合わせて、24時間いつでも何度でも繰り返し受講することができます。また、講義動画はダウンロードして2週間視聴可能です。※Web有効期間内は何度でもダウンロード可能です。

TAC WEB SCHOOL ホームページ
URL https://portal.tac-school.co.jp/
お申込み前に、左記のサイトにて必ず動作環境をご確認ください。

DVD通信講座　　見て学ぶ

講義を収録したデジタル映像をご自宅にお届けします。講義の臨場感をクリアな画像でご自宅にて再現することができます。

※DVD-Rメディア対応のDVDプレーヤーでのみ受講が可能です。パソコンやゲーム機での動作保証はいたしておりません。

資料通信講座（1級のみ）

テキスト・添削問題を中心として学習します。

Webでも無料配信中！ スマホ タブレット パソコン
「TAC動画チャンネル」

- **講座説明会** ※収録内容の変更のため、配信されない期間が生じる場合がございます。
- **1回目の講義（前半分）が視聴できます**

詳しくは、TACホームページ「TAC動画チャンネル」をクリック！

| TAC動画チャンネル　簿記 | 検索 |

コースの詳細は、簿記検定講座パンフレット・TACホームページをご覧ください。

パンフレットのご請求・お問い合わせは、TACカスタマーセンターまで

通話無料 0120-509-117
ゴウカク　イイナ

受付時間　月～金 9:30～19:00
土・日・祝 9:30～18:00
※携帯電話からもご利用になれます。

TAC簿記検定講座ホームページ

| TAC 簿記 | 検索 |

簿記検定講座

お手持ちの教材がそのまま使用可能！
【テキストなしコース】のご案内

TAC簿記検定講座のカリキュラムは市販の教材を使用しておりますので、こちらのテキストを使ってそのまま受講することができます。独学では分かりにくかった論点や本試験対策も、TAC講師の詳しい解説で理解度も120％UP！本試験合格に必要なアウトプット力が身につきます。独学との差を体感してください。

左記の各メディアが
【テキストなしコース】で
お得に受講可能！

こんな人にオススメ！

● テキストにした書き込みをそのまま活かしたい！
● これ以上テキストを増やしたくない！
● とにかく受講料を安く抑えたい！

※お申込前に必ずお手持ちのバージョンをご確認ください。場合によっては最新のものに買い直していただくことがございます。詳細はお問い合わせください。

お手持ちの教材をフル活用!!

合格テキスト

合格トレーニング

会計業界への
就職・転職支援サービス

TPB

TACの100%出資子会社であるTACプロフェッションバンク（TPB）は、会計・税務分野に特化した転職エージェントです。
勉強された知識とご希望に合ったお仕事を一緒に探しませんか？ 相談だけでも大歓迎です！ どうぞお気軽にご利用ください。

人材コンサルタントが無料でサポート

Step 1 相談受付
完全予約制です。
HPからご登録いただくか、
各オフィスまでお電話ください。

Step 2 面談
ご経験やご希望をお聞かせください。
あなたの将来について一緒に考えましょう。

Step 3 情報提供
ご希望に適うお仕事があれば、その場でご紹介します。強制はいたしませんのでご安心ください。

正社員で働く

- ●安定した収入を得たい
- ●キャリアプランについて相談したい
- ●面接日程や入社時期などの調整をしてほしい
- ●今就職すべきか、勉強を優先すべきか迷っている
- ●職場の雰囲気など、
  求人票でわからない情報がほしい

TACキャリアエージェント

https://tacnavi.com/

派遣で働く（関東のみ）

- ●勉強を優先して働きたい
- ●将来のために実務経験を積んでおきたい
- ●まずは色々な職場や職種を経験したい
- ●家庭との両立を第一に考えたい
- ●就業環境を確認してから正社員で働きたい

TACの経理・会計派遣

https://tacnavi.com/haken/

※ご経験やご希望内容によってはご支援が難しい場合がございます。予めご了承ください。 ※面談時間は原則お一人様30分とさせていただきます。

自分のペースでじっくりチョイス

正社員・アルバイトで働く

- ●自分の好きなタイミングで
  就職活動をしたい
- ●どんな求人案件があるのか見たい
- ●企業からのスカウトを待ちたい
- ●WEB上で応募管理をしたい

Webで

TACキャリアナビ

https://tacnavi.com/kyujin/

就職・転職・派遣就労の強制は一切いたしません。会計業界への就職・転職を希望される方への無料支援サービスです。どうぞお気軽にお問い合わせください。

 TACプロフェッションバンク

- ■ 有料職業紹介事業 許可番号13-ユ-010678
- ■ 一般労働者派遣事業 許可番号（派）13-010932
- ■ 特定募集情報等提供事業 届出受理番号51-募-000541

10060673

東京オフィス
〒101-0051
東京都千代田区神田神保町 1-103 東京パークタワー 2F
TEL.03-3518-6775

大阪オフィス
〒530-0013
大阪府大阪市北区茶屋町 6-20 吉田茶屋町ビル 5F
TEL.06-6371-5851

名古屋 登録会場
〒453-0014
愛知県名古屋市中村区則武 1-1-7 NEWNO 名古屋駅西 8F
TEL.0120-757-655

TAC出版 書籍のご案内

TAC出版では、資格の学校TAC各講座の定評ある執筆陣による資格試験の参考書をはじめ、資格取得者の開業法や仕事術、実務書、ビジネス書、一般書などを発行しています！

TAC出版の書籍
*一部書籍は、早稲田経営出版のブランドにて刊行しております。

資格・検定試験の受験対策書籍

- ✪日商簿記検定
- ✪建設業経理士
- ✪全経簿記上級
- ✪税 理 士
- ✪公認会計士
- ✪社会保険労務士
- ✪中小企業診断士
- ✪証券アナリスト

- ✪ファイナンシャルプランナー(FP)
- ✪証券外務員
- ✪貸金業務取扱主任者
- ✪不動産鑑定士
- ✪宅地建物取引士
- ✪賃貸不動産経営管理士
- ✪マンション管理士
- ✪管理業務主任者

- ✪司法書士
- ✪行政書士
- ✪司法試験
- ✪弁理士
- ✪公務員試験(大卒程度・高卒者)
- ✪情報処理試験
- ✪介護福祉士
- ✪ケアマネジャー
- ✪電験三種 ほか

実務書・ビジネス書

- ✪会計実務、税法、税務、経理
- ✪総務、労務、人事
- ✪ビジネススキル、マナー、就職、自己啓発
- ✪資格取得者の開業法、仕事術、営業術

一般書・エンタメ書

- ✪ファッション
- ✪エッセイ、レシピ
- ✪スポーツ
- ✪旅行ガイド (おとな旅プレミアム/旅コン)

日商簿記検定試験対策書籍のご案内

TAC出版の日商簿記検定試験対策書籍は、学習の各段階に対応していますので、あなたの
ステップに応じて、合格に向けてご活用ください!

3タイプのインプット教材

❶

> 簿記を専門的な知識に
> していきたい方向け

● 満点合格を目指し
　次の級への土台を築く

「合格テキスト」

「合格トレーニング」

- 大判のB5判、3級〜1級累計300万部超の、信頼の定番テキスト&トレーニング! TACの教室でも使用している公式テキストです。3級のみオールカラー。
- 出題論点はすべて網羅しているので、簿記をきちんと学んでいきたい方にぴったりです!
- ◆3級　□2級 商簿、2級 工簿　■1級 商・会 各3点、1級 工・原 各3点

❷

> スタンダードにメリハリ
> つけて学びたい方向け

● 教室講義のような
　わかりやすさでしっかり学べる

「簿記の教科書」

「簿記の問題集」　　　　　　　　滝澤 ななみ 著

- A5判、4色オールカラーのテキスト(2級・3級のみ)&模擬試験つき問題集!
- 豊富な図解と実例つきのわかりやすい説明で、もうモヤモヤしない!!
- ◆3級　□2級 商簿、2級 工簿　■1級 商・会 各3点、1級 工・原 各3点

❸

> 気軽に始めて、早く全体像を
> つかみたい方向け

● 初学者でも楽しく続けられる!

「スッキリわかる」

テキスト／問題集一体型

滝澤 ななみ 著（1級は商・会のみ）

- 小型のA5判(4色オールカラー)によるテキスト ／問題集一体型。これ一冊でOKの、圧倒的に 人気の教材です。
- 豊富なイラストとわかりやすいレイアウト! か わいいキャラの「ゴエモン」と一緒に楽しく学 べます。
- ◆3級　□2級 商簿、2級 工簿
- ■1級 商・会 4点、1級 工・原 4点

「スッキリうかる本試験予想問題集」

滝澤 ななみ 監修　TAC出版開発グループ 編著

- 本試験タイプの予想問題9回分を掲載
- ◆3級　□2級

書籍の正誤に関するご確認とお問合せについて

書籍の記載内容に誤りではないかと思われる箇所がございましたら、以下の手順にてご確認とお問合せをしてくださいますよう、お願い申し上げます。

なお、正誤のお問合せ以外の**書籍内容に関する解説および受験指導などは、一切行っておりません。**
そのようなお問合せにつきましては、お答えいたしかねますので、あらかじめご了承ください。

1 「Cyber Book Store」にて正誤表を確認する

TAC出版書籍販売サイト「Cyber Book Store」の
トップページ内「正誤表」コーナーにて、正誤表をご確認ください。

CYBER TAC出版書籍販売サイト
BOOK STORE

URL：https://bookstore.tac-school.co.jp/

2 1の正誤表がない、あるいは正誤表に該当箇所の記載がない ⇒ 下記①、②のどちらかの方法で文書にて問合せをする

★ご注意ください★

お電話でのお問合せは、お受けいたしません。
①、②のどちらの方法でも、お問合せの際には、「お名前」とともに、
「対象の書籍名（○級・第○回対策も含む）およびその版数（第○版・○○年度版など）」
「お問合せ該当箇所の頁数と行数」
「誤りと思われる記載」
「正しいとお考えになる記載とその根拠」
を明記してください。
なお、回答までに1週間前後を要する場合もございます。あらかじめご了承ください。

① ウェブページ「Cyber Book Store」内の「お問合せフォーム」より問合せをする

【お問合せフォームアドレス】

https://bookstore.tac-school.co.jp/inquiry/

② メールにより問合せをする

【メール宛先　TAC出版】

syuppan-h@tac-school.co.jp

※土日祝日はお問合せ対応をおこなっておりません。
※正誤のお問合せ対応は、該当書籍の改訂版刊行月末日までといたします。

乱丁・落丁による交換は、該当書籍の改訂版刊行月末日までといたします。なお、書籍の在庫状況等により、お受けできない場合もございます。
また、各種本試験の実施の延期、中止を理由とした本書の返品はお受けいたしません。返金もいたしかねますので、あらかじめご了承くださいますようお願い申し上げます。

（2022年7月現在）

解答用紙

解答用紙あり の問題の解答用紙です。

なお、仕訳の解答用紙が必要な方は
最終ページの仕訳シートをコピーしてご利用ください。

解答用紙はダウンロードもご利用いただけます。
TAC出版書籍販売サイト・サイバーブックストアにアクセスしてください。

https://bookstore.tac-school.co.jp/

損 益 計 算 書

自×1年4月1日　至×2年3月31日　（単位：円）

I　売　　上　　高　　　　　　　　　　2,880,000
II　売　上　原　価　　　　　　　　　　2,160,000
　　[　　　　　　　　　]　　　　　　　　720,000
III　販売費及び一般管理費
　1. 給　　　　料　　　　　120,200
　2. 支 払 保 険 料　　　　　8,900
　3. [　　　　　　]　　　（　　　　　　）
　4. [　　　　　　]　　　（　　　　　　）
　5. [　　　　　　]　　　（　　　　　　）
　6. [　　　　　　]　　　（　　　　　　）　（　　　　　　　）
　　[　　　　　　　　]　　　　　　　　　（　　　　　　　）
IV　営 業 外 収 益
　1. [　　　　　　]　　　（　　　　　　）
　2. [　　　　　　]　　　（　　　　　　）　（　　　　　　　）
V　営 業 外 費 用
　1. [　　　　　　]　　　（　　　　　　）
　2. [　　　　　　]　　　（　　　　　　）
　3. [　　　　　　]　　　（　　　　　　）
　4. [　　　　　　]　　　（　　　　　　）　（　　　　　　　）
　　[　　　　　　　　]　　　　　　　　　（　　　　　　　）
VI　特　別　利　益
　1. [　　　　　　　　]　　　　　　　　（　　　　　　　）
VII　特　別　損　失
　1. [　　　　　　　　]　　　　　　　　（　　　　　　　）
　　　税 引 前 当 期 純 利 益　　　　　（　　　　　　　）
　　　法人税、住民税及び事業税　　　　　116,000
　　　当　期　純　利　益　　　　　　　（　　　　　　　）

損 益 計 算 書

自×1年4月1日 至×2年3月31日 （単位：円）

Ⅰ 売 上 高 （　　　　　　　）

Ⅱ 売 上 原 価

　1．期首商品棚卸高 （　　　　　　　）

　2．当期商品仕入高 （　　　　　　　）

　　　合　　　計 （　　　　　　　）

　3．期末商品棚卸高 （　　　　　　　） （　　　　　　　）

　　　売 上 総 利 益 （　　　　　　　）

Ⅲ 販売費及び一般管理費

　1．販売費及び一般管理費 （　　　　　　　）

　　　営 業 利 益 （　　　　　　　）

Ⅳ 営 業 外 収 益

　1．[　　　　　　　] （　　　　　　　）

Ⅴ 営 業 外 費 用

　1．[　　　　　　　] （　　　　　　　）

　　　経 常 利 益 （　　　　　　　）

損 益 計 算 書

自×1年4月1日　至×2年3月31日　（単位：円）

Ⅰ　売　　上　　高　　　　　　　　　（　　　　　　　）

Ⅱ　売　上　原　価

　1．期首商品棚卸高　　　（　　　　　　　）

　2．当期商品仕入高　　　（　　　　　　　）

　　　　合　　　計　　　　（　　　　　　　）

　3．期末商品棚卸高　　　（　　　　　　　）　（　　　　　　　）

　　　売 上 総 利 益　　　　　　　　（　　　　　　　）

Ⅲ　販売費及び一般管理費

　1．販売費及び一般管理費　　　　　（　　　　　　　）

　　　営　業　利　益　　　　　　　　（　　　　　　　）

Ⅳ　営 業 外 収 益

　1．[　　　　　　　]　　　　　　　（　　　　　　　）

Ⅴ　営 業 外 費 用

　1．[　　　　　　　]　　　　　　　（　　　　　　　）

　　　経　常　利　益　　　　　　　　（　　　　　　　）

損 益 計 算 書
自×1年4月1日　至×2年3月31日　　（単位：円）

I　売　　上　　高　　　　　　　　　（　　　　　　）

II　売　上　原　価

　1．期首商品棚卸高　　　　（　　　　　）

　2．当期商品仕入高　　　　（　　　　　）

　　　　合　　　計　　　　　（　　　　　）

　3．期末商品棚卸高　　　　（　　　　　）

　　　　差　　　引　　　　　（　　　　　）

　4．[　　　　　　　]　　　（　　　　　）　　　（　　　　　　）

　　　　売 上 総 利 益　　　　　　　　（　　　　　　）

III　販売費及び一般管理費

　1．[　　　　　　　]　　　　　　　　（　　　　　　）

　　　　営　業　利　益　　　　　　　　（　　　　　　）

4

損 益 計 算 書

自×1年4月1日　至×2年3月31日　（単位：円）

I　売　　上　　高　　　　　　　　　（　　　　　　　）

II　売　上　原　価

　1．期首商品棚卸高　　　（　　　　　　　）

　2．当期商品仕入高　　　（　　　　　　　）

　　　　合　　　計　　　　（　　　　　　　）

　3．期末商品棚卸高　　　（　　　　　　　）

　　　　差　　　引　　　　（　　　　　　　）

　4．[　　　　　　　]　　（　　　　　　　）　　（　　　　　　　）

　　　　売 上 総 利 益　　　　　　　　（　　　　　　　）

III　販売費及び一般管理費

　1．[　　　　　　　]　　　　　　　　（　　　　　　　）

　　　　営 業 利 益　　　　　　　　　（　　　　　　　）

IV　営 業 外 収 益

　1．[　　　　　　　]　　　　　　　　（　　　　　　　）

V　営 業 外 費 用

　1．[　　　　　　　]　　　　　　　　（　　　　　　　）

　　　　経 常 利 益　　　　　　　　　（　　　　　　　）

損 益 計 算 書
自×1年4月1日　至×2年3月31日　（単位：円）

Ⅰ　売　　上　　高　　　　　　　　　　（　　　　　　　）

Ⅱ　売　上　原　価

　1．期首商品棚卸高　　　（　　　　　）

　2．当期商品仕入高　　　（　　　　　）

　　　　合　　　計　　　（　　　　　）

　3．期末商品棚卸高　　　（　　　　　）

　　　　差　　引　　　　（　　　　　）

　4．棚 卸 減 耗 費　　　（　　　　　）

　5．商 品 評 価 損　　　（　　　　　）　（　　　　　　　）

　　　　売 上 総 利 益　　　　　　　　（　　　　　　　）

貸 借 対 照 表　　　　（単位：円）

商　　　　　　品（　　　　　）

6

(A) 商品評価損を計上する方法

損 益 計 算 書

自×1年4月1日 至×2年3月31日 （単位：円）

I 売 上 高 （　　　　　　　）
II 売 上 原 価
　　1. 期首商品棚卸高 （　　　　　）
　　2. 当期商品仕入高 （　　　　　）
　　　　合　　　計 （　　　　　）
　　3. 期末商品棚卸高 （　　　　　）
　　　　差　　　引 （　　　　　）
　　4. 棚 卸 減 耗 費 （　　　　　）
　　5. 商 品 評 価 損 （　　　　　） （　　　　　　　）
　　　　売 上 総 利 益 （　　　　　　　）

貸 借 対 照 表 　（単位：円）

商　　　　　　品（　　　　　　）|

(B) 商品評価損を計上しない方法

損 益 計 算 書

自×1年4月1日 至×2年3月31日 （単位：円）

I 売 上 高 （　　　　　　　）
II 売 上 原 価
　　1. 期首商品棚卸高 （　　　　　）
　　2. 当期商品仕入高 （　　　　　）
　　　　合　　　計 （　　　　　）
　　3. 期末商品棚卸高 （　　　　　）
　　　　差　　　引 （　　　　　）
　　4. 棚 卸 減 耗 費 （　　　　　）
　　5. 商 品 評 価 損 （　　　　　） （　　　　　　　）
　　　　売 上 総 利 益 （　　　　　　　）

貸 借 対 照 表 　（単位：円）

商　　　　　　品（　　　　　）|

損 益 計 算 書

自×1年4月1日 至×2年3月31日 （単位：円）

Ⅰ 売 上 高 （　　　　　　　）
Ⅱ 売 上 原 価
　1．期首商品棚卸高 （　　　　　）
　2．当期商品仕入高 （　　　　　）
　　　　合　　　計 （　　　　　）
　3．期末商品棚卸高 （　　　　　）
　　　　差　　　引 （　　　　　）
　4．[　　　　　　] （　　　　　） （　　　　　）
　　　　売 上 総 利 益 （　　　　　）
Ⅲ 販売費及び一般管理費
　1．[　　　　　　] （　　　　　）
　　　　営 業 利 益 （　　　　　）
Ⅳ 営 業 外 収 益
　1．[　　　　　　] （　　　　　）
Ⅴ 営 業 外 費 用
　1．[　　　　　　] （　　　　　）
　　　　経 常 利 益 （　　　　　）

貸 借 対 照 表 （単位：円）

商　　　品（　　　　　）

	○または×	×の場合の理由
(1)		
(2)		
(3)		

損 益 計 算 書

(単位：円)

Ⅰ　売　　上　　高　　　　　　　　　　（　　　　　　　）
Ⅱ　売　上　原　価
　　1．期首商品棚卸高　　　　（　　　　　）
　　2．当期商品仕入高　　　　（　　　　　）
　　　　　合　　　　計　　　　（　　　　　）
　　3．期末商品棚卸高　　　　（　　　　　）　　（　　　　　　　）
　　　　売 上 総 利 益　　　　　　　　　　（　　　　　　　）
Ⅲ　販売費及び一般管理費
　　1．棚 卸 減 耗 費　　　　（　　　　　）

貸 借 対 照 表　　　　　（単位：円）

商　　　　　品（　　　　　　　）

①	
②	
③	
④	
⑤	

問1

(A) その都度法

決算整理前残高試算表　　　（単位：円）

繰 越 商 品 （	）	一 般 売 上 （	）
積 送 品 （	）	積 送 品 売 上 （	）
仕 入 （	）		

(B) 期末一括法

決算整理前残高試算表　　　（単位：円）

繰 越 商 品 （	）	一 般 売 上 （	）
積 送 品 （	）	積 送 品 売 上 （	）
仕 入 （	）		

問2

損 益 計 算 書
自×1年4月1日　至×2年3月31日　　（単位：円）

Ⅰ　売　上　高
1. 一 般 売 上 高　　　（　　　　）
2. 積送品売上高　　　（　　　　）　　（　　　　　　）
Ⅱ　売　上　原　価
1. 期首商品棚卸高　　（　　　　）
2. 当期商品仕入高　　（　　　　）
　　合　　　計　　　（　　　　）
3. 期末商品棚卸高　　（　　　　）　　（　　　　　　）
　　売 上 総 利 益　　　　　　　　　（　　　　　　）

貸 借 対 照 表　　　（単位：円）

商　　　品　（	）

損 益 計 算 書
　　自×1年4月1日　至×2年3月31日　　（単位：円）
Ⅰ　売　　上　　高
　1．一 般 売 上 高　　　（　　　　　　）
　2．積送品売上高　　　（　　　　　　）　　（　　　　　　）
Ⅱ　売　上　原　価
　1．期首商品棚卸高　　（　　　　　　）
　2．当期商品仕入高　　（　　　　　　）
　　　　合　　　計　　　（　　　　　　）
　3．期末商品棚卸高　　（　　　　　　）　　（　　　　　　）
　　　売 上 総 利 益　　　　　　　　　　　（　　　　　　）

貸 借 対 照 表　　　　　（単位：円）
商　　　　　品（　　　　　　）

損 益 計 算 書
　　自×1年4月1日　至×2年3月31日　　（単位：円）
Ⅰ　売　　上　　高
　1．一 般 売 上 高　　　（　　　　　　）
　2．積送品売上高　　　（　　　　　　）　　（　　　　　　）
Ⅱ　売　上　原　価
　1．期首商品棚卸高　　（　　　　　　）
　2．当期商品仕入高　　（　　　　　　）
　　　　合　　　計　　　（　　　　　　）
　3．期末商品棚卸高　　（　　　　　　）　　（　　　　　　）
　　　売 上 総 利 益　　　　　　　　　　　（　　　　　　）

貸 借 対 照 表　　　　　（単位：円）
商　　　　　品（　　　　　　）

損 益 計 算 書

自×1年4月1日　至×2年3月31日　　（単位：円）

Ⅰ　売　上　高

　1. 一 般 売 上 高　　　　（　　　　　）

　2. 積送品売上高　　　　（　　　　　）　　（　　　　　）

Ⅱ　売　上　原　価

　1. 期首商品棚卸高　　　（　　　　　）

　2. 当期商品仕入高　　　（　　　　　）

　　　　　合　　　計　　　（　　　　　）

　3. 期末商品棚卸高　　　（　　　　　）　　（　　　　　）

　　　　売 上 総 利 益　　　　　　　　　（　　　　　）

　　　　　　　　　　　　　:

Ⅳ　営　業　外　収　益

　1. [　　　　　　　]　　　　　　　　　（　　　　　）

Ⅴ　営　業　外　費　用

　1. [　　　　　　　]　　　　　　　　　（　　　　　）

貸 借 対 照 表　　　　　　（単位：円）

商　　　　　品（　　　　　）|

(A)の方法

	借 方 科 目	金 額	貸 方 科 目	金 額
(1)				
(2)				
(3)				
(4)				

決算整理後残高試算表 　　（単位：円）

積　送　品（ 　　　　　）	積 送 品 売 上（ 　　　　　）
繰 延 積 送 諸 掛（ 　　　　　）	
積 送 諸 掛（ 　　　　　）	
仕　　　　　入（ 　　　　　）	

(B)の方法

	借 方 科 目	金　　額	貸 方 科 目	金　　額
(1)				
(2)				
(3)				
(4)				

決算整理後残高試算表　　　　（単位：円）

積　送　品（　　　　　）	積 送 品 売 上（　　　　　　　）
繰 延 積 送 諸 掛（　　　）	
積 送 諸 掛（　　　）	
仕　　　入（　　　）	

14

損 益 計 算 書
自×1年4月1日　至×2年3月31日　　（単位：円）
Ⅰ　売　　上　　高
　1．一 般 売 上 高　　　（　　　　　　）
　2．試用品売上高　　　（　　　　　　）　　　（　　　　　　）
Ⅱ　売　上　原　価
　1．期首商品棚卸高　　（　　　　　　）
　2．当期商品仕入高　　（　　　　　　）
　　　　合　　　計　　　（　　　　　　）
　3．期末商品棚卸高　　（　　　　　　）　　　（　　　　　　）
　　　売 上 総 利 益　　　　　　　　　　　（　　　　　　）

貸 借 対 照 表　　　（単位：円）

商　　　　　品（　　　　　）	

損 益 計 算 書
自×1年4月1日　至×2年3月31日　　（単位：円）
Ⅰ　売　　上　　高
　1．一 般 売 上 高　　　（　　　　　　）
　2．試 用 品 売 上 高　　（　　　　　　）　　　（　　　　　　）
Ⅱ　売　上　原　価
　1．期首商品棚卸高　　（　　　　　　）
　2．当期商品仕入高　　（　　　　　　）
　　　　合　　　計　　　（　　　　　　）
　3．期末商品棚卸高　　（　　　　　　）　　　（　　　　　　）
　　　売 上 総 利 益　　　　　　　　　　　（　　　　　　）

貸 借 対 照 表　　　（単位：円）

商　　　　　品 （　　　　　）	

損 益 計 算 書

自×1年4月1日 至×2年3月31日 （単位：円）

Ⅰ 売　　上　　高
　1．一 般 売 上 高　　　　（　　　　　）
　2．試 用 品 売 上 高　　　（　　　　　）　　　（　　　　　）
Ⅱ 売　上　原　価
　1．期首商品棚卸高　　　　（　　　　　）
　2．当期商品仕入高　　　　（　　　　　）
　　　　合　　　計　　　　　（　　　　　）
　3．期末商品棚卸高　　　　（　　　　　）
　　　　差　　　引　　　　　（　　　　　）
　4．[　　　　　]　　　　　（　　　　　）　　　（　　　　　）
　　　　売 上 総 利 益　　　　　　　　　　　　（　　　　　）
Ⅲ 販売費及び一般管理費
　1．貸倒引当金繰入　　　　（　　　　　）
　2．[　　　　　]　　　　　（　　　　　）　　　（　　　　　）
　　　　営　業　利　益　　　　　　　　　　　　（　　　　　）

貸 借 対 照 表

売　掛　　金（　　　　　）
貸倒引当金（　　　　　）（　　　　　）
商　　　　品　　　　　（　　　　　）

損 益 計 算 書
自×1年4月1日　至×2年3月31日　　（単位：円）

I　売　上　高
　1．一般売上高　　　　（　　　　　　）
　2．積送品売上高　　　（　　　　　　）
　3．試用品売上高　　　（　　　　　　）　　（　　　　　　　　）
II　売　上　原　価
　1．期首商品棚卸高　　（　　　　　　）
　2．当期商品仕入高　　（　　　　　　）
　　　　合　　　計　　　（　　　　　　）
　3．期末商品棚卸高　　（　　　　　　）　　（　　　　　　　　）
　　　売上総利益　　　　　　　　　　　　　（　　　　　　　　）

問題 32

	借　方　科　目	金　　額	貸　方　科　目	金　　額
(1)				
(2)				
(3)				
(4)				

決算整理前残高試算表　　　　（単位：円）

割　賦　売　掛　金（　　　　　　）	一　般　売　上（　　　　　　）
繰　越　商　品（　　　　　　）	割　賦　売　上（　　　　　　）
仕　　　　　入（　　　　　　）	

17

問題 38

	第 1 期	第 2 期	第 3 期
工 事 収 益	円	円	円
工 事 原 価	円	円	円
工 事 利 益	円	円	円

問題 39

	工事進行基準
完成工事未収入金	円
契 約 資 産	円
未 成 工 事 支 出 金	円
未 成 工 事 受 入 金	円

問題 40

	第 1 期	第 2 期	第 3 期
工 事 収 益	円	円	円
工 事 原 価	円	円	円
工 事 利 益	円	円	円

18

問題 41

(1) 第1期

借 方 科 目	金 額	貸 方 科 目	金 額

工 事 損 益： ＿＿＿＿＿ 円　工事損失引当金： ＿＿＿＿＿ 円

(2) 第2期

借 方 科 目	金 額	貸 方 科 目	金 額

工 事 損 益： ＿＿＿＿＿ 円　工事損失引当金： ＿＿＿＿＿ 円

(3) 第3期

借 方 科 目	金 額	貸 方 科 目	金 額

工 事 損 益： ＿＿＿＿＿ 円　工事損失引当金： ＿＿＿＿＿ 円

問題 42

①		⑥	
②		⑦	
③		⑧	
④		⑨	
⑤		⑩	

	○または×	×の場合の理由
(1)		
(2)		
(3)		
(4)		
(5)		
(6)		

問題 44

①		⑥	
②		⑦	
③		⑧	
④		⑨	
⑤		⑩	

問題 45

①		⑧	
②		⑨	
③		⑩	
④		⑪	
⑤		⑫	
⑥		⑬	
⑦		⑭	

	○または×	×の場合の理由
(1)		
(2)		

≪仕訳シート≫　必要に応じてコピーしてご利用ください。

問題番号	借　方　科　目	金　　　　額	貸　方　科　目	金　　　　額

≪仕訳シート≫　必要に応じてコピーしてご利用ください。

問題番号	借　方　科　目	金　　　　額	貸　方　科　目	金　　　　額

≪仕訳シート≫　必要に応じてコピーしてご利用ください。

問題番号	借　方　科　目	金　　　　額	貸　方　科　目	金　　　　額

≪仕訳シート≫　必要に応じてコピーしてご利用ください。

問題番号	借　方　科　目	金　　　　額	貸　方　科　目	金　　　　額